観光の活性化と地域振興

伊豆の観光を考える

野方宏 編

新評論

まえがき

　本書が対象とする伊豆地域は、伊豆半島の形状が南海に突き出ている(「出ずる」)ことから「伊豆」と名付けられた所である。古代国家の行政区域として、天武天皇9年(680年)に駿河国から分置され「伊豆国」とされたのが始まりとされている。また、都から僻遠の地であったため古来より配流の地とされ、伴 善男(とものよしお)(811～868。応天門放火犯として866年に伊豆に配流)、源頼朝(1147～1199。平治の乱後の1160年に伊豆に配流)、日蓮(1222～1282。『立正安国論』の筆禍により1261年に伊豆に配流)などが流罪となっている。[1]

　特に、源頼朝は挙兵までの20年間を伊豆で過ごしたことから、伊豆各地に様々な足跡と伝説を残しているし、頼朝の長子で鎌倉幕府2代将軍源頼家(1182～1204。別名、鎌倉殿)は修禅寺(伊豆市)に幽閉され、1204年にそこで殺害されるなど源氏に縁のある逸話に事欠かない土地である。

　伊豆地域には、古来より湯治場として有名な温泉がいくつかある。江戸時代、参勤交代で江戸に詰めていた大名達が湯治に数多く訪れたという熱海温泉、江戸城に御前湯を献上したという記録がある伊東温泉、弘法大師(774～835。空海)が病気の父の体を洗う子どもを見て心を打たれ、法具の独鈷(とっこ)で川中の岩を突いて湧出させたという伝説の「独鈷の湯」がある修善寺温泉などがとりわけ有名である。[2]

---

(1)　『伊豆大事典』(羽衣出版、2010年)「伊豆国」の項(105ページ)による。
(2)　湯治については第1章3節を参照。

明治に入ると、伊豆地域には著名な文人・墨客が大挙して訪れ、この地域を舞台にした作品が数多く発表されている。尾崎紅葉（1868～1903）の『金色夜叉』はその代表であろう。この小説にちなむ「お宮の松」は、熱海の観光スポットとなっている。また、日本の文化と風土を愛した世界的な建築家として有名なドイツ人のブルーノ・タウト（1880～1938）が設計した旧日向邸「熱海の家」（重要文化財）は国内で唯一現存する彼の作品である。

　湯ヶ島（伊豆市）には、ノーベル賞作家である川端康成（1899～1972）が約10年間にわたって定宿にした旅館「湯本館」があり、この頃の体験が『伊豆の踊り子』や伊豆を背景にした20編余りの短編につながったと言われている。これ以外でも、井上靖（1907～1991）の自伝的小説（『しろばんば』、『夏草冬濤』など）の舞台になった沼津、夏目漱石（1867～1916）の「修善寺の大患」と呼ばれている事件など枚挙にいとまがない。

　前置きが少し長くなったが、伊豆地域に限らず観光を論ずる場合、上述したような歴史や文化、温泉や景観といった側面から取り上げられることがこれまではほとんどであった。このような側面から観光を捉え、それを掘り下げて研究することに意味があることは間違いないのだが、我々の観光への関心はこれらとは別のところにあった。観光を一つの産業として捉え、経済学や経営学の観点から見た場合にはどのようなことが新たに浮き彫りとなってくるのか、これが我々の問題意識であり出発点となった。

　経済学では、産業は財・サービスを生産する企業の集合体として供給側として捉えられるのが一般的であるが、観光の場合はその性格上、観光主体による財・サービスの購入という視点、すなわち需要側から捉えざるを得ないという特質をもっている。そのため、産業としての観光を考える場合、他とは独立した産業として存在するものとして捉えることができない。つまり、観光業というのは観光に関連した業種の集合体なのであり、旅行業、宿泊業、運輸業、飲食業、小売業（土産物屋など）など幅広い産業によって構成されているものということにならざるを得ない。実際、総務省が定める「日本標準産業分類」の

なかに「観光業」という分類項目は存在していない。

　我々が観光業の研究を始めてまず気付いたのが、観光業に関する統一的な統計が整備されていないということであった。この事実は、まさしく観光業のもつ特異な点を反映した結果であった。そこで我々は、ヒアリング（聞き取り）調査を中心に観光研究プロジェクトをスタートさせることにした。この調査を通じて観光関連データを収集すると同時に、観光業の「現場」で得た情報を観光業の分析に取り込むことができるのではないかと考えたわけである。

　伊豆地域を中心に、市・町の観光課、観光協会、ホテル・旅館組合、個別の宿泊施設やリゾート施設などを対象に、2004年12月から現在までヒアリング調査を積み重ねてきた。これらのヒアリング調査の結果は、我々の所属する静岡大学の紀要『経済研究』などに逐次発表してきたわけだが、それらを基礎にしてまとめられたのが本書である。

　もちろん、本書の各章が十分な準備のもとに執筆されたというよりも中間報告的な色彩を帯びたものであることは自覚しているが、この分野における先行研究の蓄積が十分にない現状では我々の研究を公表することにも意味があるのではないかと考え出版に至った。読者諸氏のご寛恕をお願いしたい。

　本書は7章で構成されている。前半の第5章までは、伊豆地域の観光全般の現状分析にあてられ、後半の第6章、第7章では、データ分析に基づきケース・スタディが行われる。

　第1章では、まず静岡県および伊豆地域の観光の動向が観光データに即してまとめられるとともに、国内観光客のニーズが団体旅行から個人・少人数旅行に大きく変化してきていることが指摘されている。次いで、このような観光ニーズの変化を踏まえたうえで、伊豆地域の新たな観光の可能性がニュー・ツーリズムの視点から検討されている。

　第2章と第3章では、観光の供給サイドであるホテル・旅館などの宿泊施設を取り上げている。伊豆地域の宿泊施設を対象に行った聞き取り調査（ヒアリング調査）に基づき、第2章では、宿泊施設の現状と集客などの具体的取り組

みについてまとめつつ、最近の宿泊施設に関する新たな動きとして旅館再生の問題を取り上げる。また、簡単に、宿泊施設の今後の方向性も検討されている。そして第3章では、宿泊施設が直面する課題とそれへの対応が戦略という観点から検討され、競争相手との「違い」ないしその宿泊施設ならではの独自の魅力としての「価値」の重要性が強調されている。

第4章では、伊豆地域の広域観光の問題が取り上げられる。連携に基づく観光振興をテーマに、伊豆観光圏の事例に注目しながらこの観光圏が直面する組織的課題が明らかにされる。この課題を踏まえたうえで、伊豆観光圏における今後の観光振興策のあり方が提示されている。

第5章では、外国人観光客の動向と今後の課題が検討されている。「観光立国宣言」以降、積極的な外国人観光客の受け入れ策が展開されたこともあって訪日外国人は急増しているが、他方で外国人観光客の受け入れをめぐる課題も明らかになりつつある。ここでは、情報発信という点について、外国人観光客の受け入れの課題が論じられている。

残る2章においては、データ分析に基づくケース・スタディとして、熱海市と伊東市の観光客の実態分析が行われている。

第6章では、伊豆を代表する観光地である熱海を対象に、「熱海市観光客動線調査」の個票データを基に、熱海を訪れる観光客の特性が分析される。その際、熱海への来訪客が多い首都圏と静岡県の5都県に対象を絞り、訪問歴と年代に焦点をあて、それぞれがどのような特性に結び付くかがデータ分析によって明らかにされている。

第7章では、伊豆を代表するもう一つの観光地である伊東市について、市が実施している「観光客実態調査」の個票データを用いて、まず観光客の土産物の購入についての傾向が明らかにされる。次いで、個票データを用いて予測モデルを推計し、そこから観光客の土産物の購入行動の分析が行われる。また、観光客実態調査についての課題についても触れられている。

本書ができ上がるまでには様々な方のお世話になった。本書の執筆メンバー

は静岡大学人文学部経済学科に所属する教員からなるが、この観光研究プロジェクトは土居英二名誉教授（現静岡大学特任教授）のリーダーシップのもとに組織されたものである。土居教授は途中体調を崩され、このプロジェクトの初期段階で降板されることになったが、土居教授がおられなければこの観光研究プロジェクトは存在しなかったし、本書が著されることもなかったであろう。「生みの親」である土居教授に感謝するとともに、一刻も早く万全な体調に戻られることをメンバー一同願う次第である。

　また、ここ数年でプロジェクトメンバーの入れ替えもあり、残念ながらすべての方に執筆していただくことはできなかった。ヒアリング調査を一緒に行っていただいた浅利一郎教授（現・静岡大学副学長）および朴根好教授には特にお礼申し上げたい。

　紙幅の関係ですべての方のお名前を挙げることは控えさせていただくが、ヒアリング調査に協力していただいた方々にもこの場を借りて御礼を申し上げたい。そして、厳しい出版事情のなかで本書の刊行を引き受けて下さった株式会社新評論の武市一幸氏にも感謝したい。

　最後になるが、本書の出版助成をいただいた静岡大学人文学部および同学部長佐藤誠二教授にも御礼を申し上げる。

2011年11月

執筆者を代表して　　野方　宏

もくじ

まえがき　1

第1章　伊豆地域の観光の現状と可能性 ……………………15

野方　宏

1　観光は産業　16

2　我が国の観光をめぐる最近の動向　18
　（1）観光立国をめぐる動き　18
　（2）観光の現状と経済効果　20
　コラム　東日本大地震と観光──震災後1か月の影響　22

3　静岡県および伊豆地域の観光の動向　22
　（1）静岡県の観光動向と観光客の特性　24
　（2）伊豆地域の観光の動向と観光客の特性　28

4　伊豆地域の観光の可能性　32
　（1）観光ニーズの変化　33
　（2）観光資源の活用　35
　　　湯治　35／自然景観　39／花　42／スポーツ・ツーリズム　45

5　魅力を高めるうえでの重要なポイント
　　──むすびに代えて　46
　コラム　雪の降らないアルプス──沼津アルプス　48

第2章 伊豆地域の宿泊施設（1）
現状と取り組み……………………………………51

狩野　美知子

1　宿泊施設──観光供給サイドの代表として　52
2　宿泊施設数の推移と調査の概要　53
3　客層　56
　（1）宿泊客の人数規模　56
　（2）宿泊客の性別および年代　57
　（3）宿泊客の居住地域と客室稼働率　57
　（4）リピーター　58
　（5）外国人宿泊客　58
4　集客方法　59
5　戦略──集客への取り組みを中心に　63
　（1）コスト・リーダーシップ戦略　63
　（2）高付加価値戦略　65
　（3）ターゲットを定める　65
　（4）顧客満足度を高める　67
　（5）リピーターを増やす　67
　（6）新規顧客の開拓　68
6　宿泊施設の再生　69
　（1）老舗旅館の再生　70
　（2）低価格チェーンの展開　72
7　今後の展望　74
　コラム　宿泊予約サイト「トクー！トラベル」と「ゆこゆこネット」　78

第3章 伊豆地域の宿泊施設(2)
課題と戦略 …………………………………………81

大脇　史恵

1　観光の活性化と宿泊施設の関わりについて　82

2　伊豆の宿泊施設を取り巻く経営環境の変化　84
　（1）観光に対する顧客ニーズの多様化　84
　（2）宿泊客の人数規模の変化　85
　（3）宿泊客数の減少　86
　（4）宿泊客に対する販売価格の低下傾向　87

3　伊豆地域およびその宿泊施設に見られる特徴　88
　（1）多様な表情をもつ伊豆地域　88
　（2）伊豆地位の各地区に立地する宿泊施設の特徴　90

4　経営環境の変化に対する伊豆の宿泊施設の対応とその課題　94

5　伊豆地域の宿泊施設の成すべき取り組み
　　——戦略面に関する考え方を焦点に　98
　（1）宿泊客に「価値」を提供する　98
　（2）コンセプトを明確化し、他の宿泊施設との違いを打ち出す　99
　（3）伊豆の魅力を取り込む——むすびに代えて　100

　　コラム　歴史から見た伊豆——頼朝と政子　102

第4章　伊豆地域の広域観光
伊豆観光圏の展開と課題 …………………… 105

太田　隆之

1　広域観光への注目　106

2　観光振興における広域観光と連携　108
　（1）広域観光振興をめぐる昨今の動向　108
　（2）連携に基づいた広域観光が求められる理由　110

3　「観光組織」論　113

4　伊豆観光圏の活動状況と実態　117
　（1）伊豆観光圏の現状　117
　（2）伊豆観光圏による観光振興　120

5　検証と評価　123

6　今後の取り組みについての提案　127
　　コラム　阿蘇くじゅう観光圏の取り組み　132

第5章　伊豆地域の外国人観光客の動向と課題 …………………… 135

野方　宏

1　観光立国は貿易立国　136

2　我が国の外交人観光客をめぐる最近の動向　137
　（1）観光立国宣言から新成長戦略へ　137

（2）外国人客の動向　139
　　（3）外国人観光客の特性　142
3　静岡県および伊豆地域の外国人観光客の動向　145
　　（1）静岡県の外国人観光客の動向　145
　　（2）伊豆地域の外国人観光客の動向　147
　　（3）伊豆東海岸地区の外交人観光客の動向　148
4　外国人観光客の受け入れをめぐる課題　152
　　（1）外国人観光客の受け入れ状況と問題点　153
　　（2）情報の発信　156
5　大交流時代の観光──むすびに代えて　158
　　コラム　芸妓文化──少し変わった観光資源　160

第6章 熱海市の観光 データ分析から

狩野　美知子

……163

1　利用データ──「熱海市観光客動線調査」の個票データ　164
2　熱海市の観光動向の概要　166
3　従来の観光に関する質問票（アンケート）調査　168
4　分析方法　170
5　分析結果　172
　　（1）訪問歴で見た特性　173
　　（2）年代で見た特性　177

6　考察　181
　　（1）訪問歴に関する考察　181
　　（2）年代に関する考察　183
　　コラム　熱海温泉玉手箱「オンたま」　186

第7章　伊東市の観光
データ分析から
石橋　太郎
……189

1　伊東市の観光振興を考える　190

2　伊東市の観光客実態調査データの活用に向けて　191
　　（1）属性で見た集計結果　194
　　（2）旅行仕様、動機で見た集計　197

3　2値ロジスティックモデルの利用　201
　　（1）2値ロジスティックモデルとは　201
　　（2）データのコード化　203
　　（3）2値ロジスティックモデルの推計と分析例　204
　　（4）2値ロジスティックモデルの推計結果　208

4　伊東市観光客実態調査の課題　211
　　コラム　テレビドラマ・映画のロケ地　214

あとがき　216
参考文献一覧　218

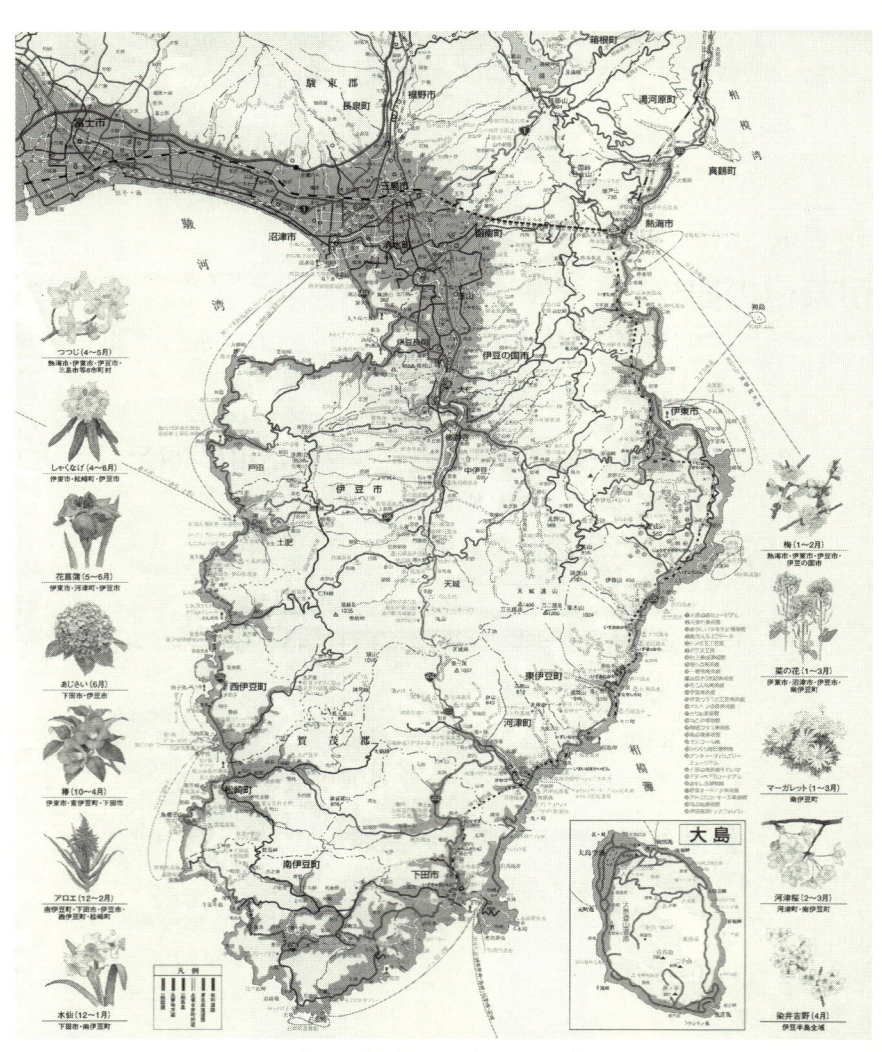

伊豆の観光マップと四季の花

観光の活性化と地域振興──伊豆の観光を考える

第1章
伊豆地域の観光の現状と可能性 ⁽¹⁾

野方 宏

伊東市から見た大島

1 ⊙ 観光は産業・

「観光は21世紀のリーディング産業」という認識が、官民を問わず広がっている。こうした認識の背景には、従来の物見遊山的な「遊び」としての観光から、観光を「産業」として、しかも21世紀の日本に残された数少ない成長分野として位置づけようとする新たな動きがあることを指摘することができる。官を中心とした動きについては次節で検討するが、ここでは、この新たな動きを促した要因について簡単に触れておこう。

第1は国際的要因であり、経済のグローバル化の進展とそれがもたらした世界経済、特に新興諸国の急速な成長である。世界観光機関（UNWTO）[2]によれば、成長著しい東アジア・太平洋地域では、経済成長に伴う所得の大幅な増加によって外国旅行需要が爆発的に増加する「アジア観光ビッグバン」が起こると予想されている。1990年代以降、「失われた20年」[3]とも呼ばれる長期的な低迷下にある日本経済にとって、この「外需」は「旱天の慈雨」と期待されている。

第2は国内的な要因であり、少子高齢化に伴う人口減少社会への急速な移行という事実と、それに伴う経済活動への影響である。前者について言えば、日本人口のピークは2004年の1億2,779万人であり、人口減少に転じて既に数年が経過している。[4]後者についての一例は、通商産業省地域経済研究会の「人口減少下における地域経営について」（2005年）による2030年の地域経済のシミュレーションである。

このシミュレーションによると、全国269か所の都市雇用圏のうち2000年比で見た2030年の人口の伸び率は、東京都市雇用圏以外ではすべてマイナスであり、人口規模の小さい都市圏ほどそのマイナス幅が大きいとされている。[5]また、都市雇用圏の経済活動を域内総生産（GRP）という指標で表した場合、2000年比で見た2030年のGRPの伸び率は、東京都市雇用圏と一部の政令指定都市雇用圏を除くほとんどすべての都市雇用圏でマイナスであり、人口の場合と同様、

人口規模の小さい都市雇用圏ほどマイナス幅が大きくなっている。

　このシミュレーションで端的に示されているように、長期的な人口減少とそれに伴う経済活動規模の低下が進行する状況下では、大都市圏以外の地域社会の存立を経済的に支える新しい柱を育てることが不可欠となる。先に述べたように、観光が「産業」として注目されるようになった背景には、観光が地域経済再生の基軸になりうるとの認識が広く共有されるようになったからである。

　本章では、こうした問題意識を踏まえたうえで観光をめぐる問題を検討していきたい。

　次節では、我が国の観光をめぐる最近の動向と観光の経済効果の概要を述べ、第3節では、静岡県および伊豆地域の観光の現状を統計データに基づいて整理するとともに、静岡県および伊豆地域の観光客の特性について触れる。第4節では、これまでの議論をベースに、伊豆地域の観光の可能性を地域の観光資源の活用という観点から考えてみる。その際、具体的な観光資源の活用についてもあわせて検討した。最後に、地域の観光の魅力を高めるうえで、観光関連事業者などから構成される組織の重要性を指摘して本章のまとめとしたい。

---

(1) 本章は、野方[2011]の前半部分をベースに新たな論点を加えて大幅に拡充するとともに、観光関連データを最新のものに入れ替えたものである。
(2) (World Tourism Organization) 1975年に設立されて2003年に国際連合の専門機関となり、2010年11月現在154か国が加盟している。世界貿易機関(WTO：World Trade Organization)との混同を避けるため、2005年に国連を表す「UN」を加えて UNWTO と略称されるようになった。
(3) 例えば、「なるか観光ビッグバン」(〈週刊エコノミスト〉2008年9月6日号)参照。
(4) 生産年齢人口(15歳～64歳)は、既に1995年より減少に転じている。
(5) 全国平均はマイナス10.7％であるが、10万人未満の都市雇用圏ではマイナス24.6％、269か所の都市雇用圏以外の地域ではマイナス29.7％となっている。

2 ● 我が国の観光をめぐる最近の動向

（1）観光立国をめぐる動き

　観光振興を国の政策の基本とすることを謳った「観光基本法」が制定されたのは1963年のことである。それ以降、この法律はほぼ40年にわたって我が国の観光分野の憲法的な役割を演じてきたと言われているが、この間、観光振興が国の基本政策の一つとして明確に位置づけられてきたわけではない。このような観光をめぐる状況を一変させたのが、以下に挙げた2003年1月の小泉純一郎首相（当時）の施政方針演説であった。

「観光の振興に政府を挙げて取り組みます。日本を訪れる外国人旅行者は約500万人にとどまっています。2010年にこれを倍増させることを目指します」（第156回国会における小泉内閣総理大臣施政方針演説より）

　この施政方針演説では、観光振興のために政府を挙げて取り組むことが謳われており、我が国が「観光立国宣言」をしたと位置づけられるものであった。それ以降、国土交通省を中心に観光振興をめぐる施策が矢継ぎ早に展開され、2008年10月からは観光庁が発足している。
　表1－1は観光立国宣言以降の政府の主要な取り組みをまとめたものであるが、ここでは、本章および本書での議論との関係から「観光立国推進基本法」（以下、「基本法」）、「観光圏整備法」（以下、整備法）、「新成長戦略」について簡単に触れておきたい。
　「基本法」は先に述べた「観光基本法」を43年ぶりに全面改訂したものであり、観光を21世紀における日本の重要な政策の柱として明確に位置づけたものである。基本法に基づいて策定されたマスタープランである「観光立国推進基本計画」では、観光立国実現のために外国人観光客、国内観光旅行消費額など五つ

表 1 − 1　最近の観光をめぐる動き

（1963年 6 月）	（「観光基本法」制定）
2003年 1 月	小泉首相施政方針演説（「観光立国宣言」）
4 月	「ビジット・ジャパン・キャンペーン」スタート
7 月	「観光立国行動計画」策定
2004年11月	「観光立国推進戦略会議」報告書
2006年12月	「観光立国推進基本法」制定
2007年 6 月	「観光立国推進基本計画」策定
2008年 5 月	「観光圏整備法」制定
10月	観光庁発足
（2009年 9 月）	（民主党鳩山政権発足）
10月	「成長戦略会議」立ち上げ
12月	「観光立国推進本部」発足
2010年 5 月	「成長戦略会議」報告書
6 月	「新成長戦略～「元気な日本」復活のシナリオ～」策定

出所：各種資料により筆者作成。

の基本的な目標について具体的な数値が期限を明示して掲げられている。例えば、「訪日外国人旅行者数を平成22（2010）年までに1,000万人にし、将来的には日本人の海外旅行者数と同程度にする」といったものである。[6]

　なお、2009年9月に発足した民主党政権下では、訪日外国人観光客を2020年の初めまでに2,500万人、将来的には3,000万人を目指すとの目標が掲げられ、2009年12月に立ち上げられた観光立国推進本部のもとに三つのワーキングチーム（外客誘致ワーキングチーム、観光連携コンソーシアム、休暇分散化ワーキングチーム）を設置し、具体的な検討が進められている。

　一方「整備法」は、各地域で国際競争力の高い魅力ある観光地をつくって国内外からの観光客を誘致するため、地方自治体や地域の観光関係者および地域住民などが一体となって観光振興に取り組み、観光圏の整備を図る事業を総合

---

[6]　第5章で見るように、2010年の訪日外国人観光客は史上最多を記録したが、861万人に留まった。

的に支援するために制定されたものである。特に、観光客の宿泊に関するサービスの改善・向上が重点分野として位置づけられ、地域の幅広い関係者による連携を通じて、2泊3日以上の滞在型観光が可能となるような観光エリアの整備が目指されている。

2011年4月1日現在、全国で48の地域が観光圏として認定されているが、静岡県には、浜名湖観光圏(浜松市、湖西市の2市、2009年認定)、伊豆観光圏(伊東市、下田市、東伊豆町、河津町、南伊豆町の2市3町、2010年認定)、箱根・湯河原・熱海・あしがら観光圏(神奈川県の10市町と熱海市、2010年認定)の三つがある。

2010年6月に閣議決定された「新成長戦略」では、2020年度までに達成すべき数値目標(今後11年間の平均で名目3％、実質2％を上回る経済成長など)を設定し、目標実現に向けた具体策(7分野、21の国家戦略プロジェクト)が示された。後者の戦略7分野の一つとして「観光・地域活性化」が挙げられているが、これは観光面での具体的な戦略として外国人観光客の査証取得の容易化や発給手続きの迅速化、オープンスカイ(空の自由化)の推進などによって訪日外国人観光客の増加(先述の、2020年初めまでに2,500万人という目標)を促すほか、休暇取得の分散化を図るために地域ごとに休日取得をずらす「ローカル・ホリデー制度」などによって11兆円の需要と56万人の雇用創出が目標とされている。

(2) 観光の現状と経済効果

「平成22年度観光の状況　平成23年度観光政策要旨」(観光庁 [2011]) によりながら、我が国の観光の現状と観光がもたらす経済効果を見ておこう。

まず、国内宿泊旅行の推移を見ると、国民一人当たりの国内宿泊旅行回数および宿泊数は、1991年度をピークにそれ以降減少傾向にある。2010年度では、前者は1.56回、後者は2.39泊と推計されており、対前年度比でそれぞれ1.3％減、6.6％減となっている。

2010年の訪日外国人旅行者数は861万人（前年比26.8％増）となり、史上最高を記録した。大きく増加したのは、前年が新型インフルエンザなどの影響で大きく落ち込んだ反動によるものである。

　地域別に見ると、アジアが全体の75％（653万人）を占め、次いで北アメリカが10％強（91万人）、ヨーロッパが10％弱（85万人）、オセアニア3％（26万人）の順となっている。国別では、韓国がトップで244万人（前年比53.8％増。以下、カッコ内は前年比）、中国141万人（40.4％増）、台湾127万人（23.8％増）、アメリカ73万人（3.9％増）、香港51万人（13.2％増）の順となっており、中国が台湾を抜いて2位となった。

　2009年度の国内の旅行消費額は22.1兆円であり、前年度比6.4％減である。22.1兆円の構成を見ると、日本人の国内宿泊旅行が67.1％（14.9兆円）、日本人の国内日帰り旅行が21.7％（4.8兆円）、日本人の海外旅行（国内分）が5.6％、訪日外国人旅行5.5％（1.2兆円）となっている。この22.1兆円の国内旅行消費額の経済効果を見ると、直接効果と間接効果を合わせた生産波及効果は48兆円（国内総生産額の4.9％）、付加価値誘発効果は24.9兆円（名目GDPの5.2％）、雇用誘発効果は406万人（全就業者の6.3％）と推計されている。

「まえがき」でも述べたように、「観光業」という産業分類は日本標準産業分類にはないわけだが、宿泊業、旅行サービス業、観光に関連する運輸業・小売業・飲食業などの集合体を「観光業」と捉え、観光業の付加価値誘発効果（先に述べた名目GDPの5.2％）を他の産業と比較してみよう。

『日本国勢図会　2011／2012版』によると、2009年における農林水産業の名目

---

(7)　2国間の航空路線、便数、運賃などを、政府でなく民間の航空会社が自由に決められる仕組みのことであり、現在、世界の航空市場ではオープンスカイの動きが加速化している。
(8)　なお、観光・地域活性化以外の残り六つの戦略分野は、環境・エネルギー、健康、アジア経済、科学・技術、雇用・人材、金融である。
(9)　本章執筆時点で最新の観光白書（平成23年版）は刊行されていなかったため、観光庁のホームページに掲載されているものを利用した。
(10)　ただし、2003年度から調査手法を変更しているので単純な比較はできないが、2003年度以降のデータから判断して長期的には減少傾向にあると見てよいであろう。

> **コラム　東日本大震災と観光——震災後1か月の影響**
>
> 　2011年3月11日に発生した東日本大震災は未曾有の被害をもたらした。さらに、津波による東京電力福島第1原子力発電所の放射能事故は、いまだ収束の見通しが立たない状態が続いている。大震災の影響は、経済活動においても様々な分野に及んでいる。観光への影響についても、被災地は言うまでもなく直接被害の及ばなかった地域への影響も大きい。例えば、震災後の1か月間で東北、関東地方で宿泊予約のキャンセルが約39万人分、その他の地域でも約17万人分あったと報道されている（〈日本経済新聞〉2011年4月13日）。本章では、震災後の観光関連に関するデータが整備されていないこともあり震災後の状況には直接触れていないが、静岡県の観光への影響の一端については本章注(13)を参照されたい。

GDPに占める割合は1.4%であり、観光業の4分の1程度にすぎない。また、製造業の上位3産業である食料品（2.6%）、電気機械（2.5%）、輸送用機械（2.3%）を2倍以上上回っていることになる。

　こうした比較からも分かるように、観光業は経済活動のなかで極めて大きな役割を果たしており、本章の冒頭で述べた「21世紀のリーディング産業」として期待される理由にもなっている。

3 ◉ 静岡県および伊豆地域の観光の動向

　ここでは、主に「平成21年度　静岡県観光交流の動向」（静岡県［2010a］）によりながら静岡県と伊豆地域の観光の基本的動向を見ていくことにする。この冊子では、県内の観光地を六つの地域に区分しており、その一つである伊豆地域は、7市（沼津、熱海、三島、伊東、下田、伊豆、伊豆の国）7町（東伊豆、河津、南伊豆、松崎、西伊豆、函南、清水）から構成されている（図1－1参照）。まずは、この冊子に登場する観光統計用語の一つである「観光交流

図1-1　静岡県の地域区分

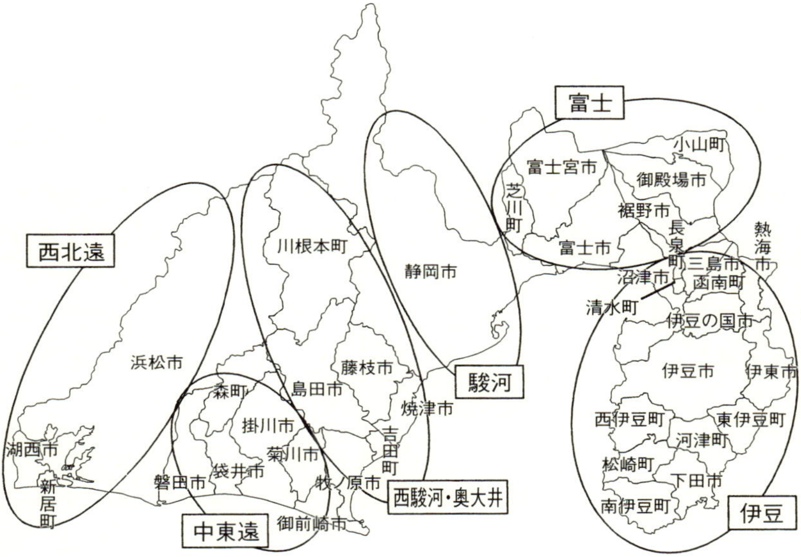

出所：静岡県（2010a）

客数」について簡単に説明しておこう。

　観光交流客数とは、静岡県内の各地を訪れた人の延べ人数であり、宿泊客数と観光レクリエーション客数を合計したものである。この用語は、観光庁が公表している観光統計における「観光入込客」と同じものであるが、近年、地域住民との交流という視点が新たに観光に付け加えられるようになったため、静岡県ではこの用語を使うようになった。また、「宿泊客数」とは旅館・ホテル・民宿などに宿泊した客数（延べ泊数）であり、「観光レクリエーション客数」とは観光施設、スポーツ・レクリエーション施設、行祭事およびイベントなどへの入場・参加者を集計したものである。

---

(11) 静岡県の観光統計でも、1997年度までは「観光入込客」が使われていた。

（1）静岡県の観光動向と観光客の特性

表1-2は、1988年度以降2009年度までの静岡県の観光交流客数、宿泊客数、観光レクリエーション客数の推移を示したものである。そして、それをグラフに示したものが**図1-2**である。以下では、これらに基づいて静岡県の観光動向の特徴的な点をまず要約し、次いで「平成21年度　静岡県における観光の流動実態と満足度調査　報告書」（静岡県［2010b］）により、静岡県を訪れる観光客の特性を見ていきたい。

表1-2や**図1-2**からは読み取れないが、静岡県の観光交流客数のピークは1988年度（1億4,148万人）であり、この年まではほぼ一貫して観光交流客数は増加してきた（静岡県［2010a］8ページ）。ピーク以降を見ると、1998年度までの10年間はピーク水準より1割減の1億2,000万人台で増減を繰り返していたが、1999年度以降再び増加傾向に転じ、2009年度はピーク時の水準に近い1億4,075万人まで回復している。

宿泊客数のピークは観光交流客数のピークの3年後となる1991年度（2,765万人）であり、日本経済のバブル崩壊が始まった時期とほぼ一致している。宿

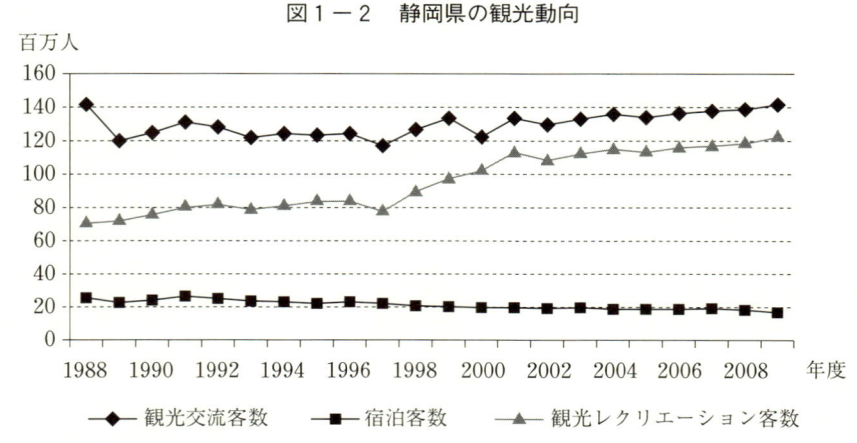

図1-2　静岡県の観光動向

出所：静岡県［2010a］より筆者作成。

表1-2　静岡県および伊豆地域の観光動向

観光交流客数

市町名	1988年度	1989年度	1990年度	1991年度	1992年度	1993年度	1994年度	
静岡県(a)	141,481,933	120,064,270	124,822,143	131,161,735	128,310,508	121,837,057	124,534,800	
伊豆地域(b)	73,440,607	54,409,827	61,192,829	63,770,605	61,065,055	56,746,430	58,306,362	
シェア(b/a)%	51.9	45.3	49.0	48.6	47.6	46.6	46.8	

市町名	1995年度	1996年度	1997年度	1998年度	1999年度	2000年度	2001年度	
静岡県(a)	123,542,114	124,180,010	116,919,873	126,603,706	133,088,117	122,379,052	134,068,271	
伊豆地域(b)	55,669,782	56,740,737	53,997,336	51,647,204	52,814,492	44,461,096	46,465,261	
シェア(b/a)%	45.1	45.7	46.2	40.8	39.7	36.3	34.7	

市町名	2002年度	2003年度	2004年度	2005年度	2006年度	2007年度	2008年度	2009年度
静岡県(a)	129,132,583	132,880,240	135,250,082	133,300,103	135,926,068	136,713,245	138,241,497	140,749,153
伊豆地域(b)	44,267,386	42,936,950	41,148,667	42,042,804	41,049,958	40,550,465	39,446,760	39,461,587
シェア(b/a)%	34.3	32.3	30.4	31.5	30.2	29.7	28.5	28.0

宿泊客数

市町名	1988年度	1989年度	1990年度	1991年度	1992年度	1993年度	1994年度	
静岡県(a)	26,724,608	24,139,318	24,917,382	27,652,579	26,117,256	24,211,055	24,179,318	
伊豆地域(b)	18,857,024	17,026,987	18,095,781	19,934,835	18,542,271	17,199,654	17,299,386	
シェア(b/a)%	70.6	70.5	72.6	72.1	71.0	71.0	71.5	

市町名	1995年度	1996年度	1997年度	1998年度	1999年度	2000年度	2001年度	
静岡県(a)	22,793,717	23,336,815	22,499,622	21,125,292	20,717,258	19,843,318	20,372,273	
伊豆地域(b)	15,724,829	16,347,734	15,791,702	14,505,456	14,194,536	13,250,692	13,503,096	
シェア(b/a)%	69.0	70.1	70.2	68.7	68.5	66.8	66.3	

市町名	2002年度	2003年度	2004年度	2005年度	2006年度	2007年度	2008年度	2009年度
静岡県(a)	19,658,867	19,641,752	19,276,530	18,939,640	19,223,607	19,331,892	18,722,303	17,230,758
伊豆地域(b)	12,810,648	12,658,169	12,026,216	12,066,173	12,332,488	12,235,602	11,829,723	10,757,590
シェア(b/a)%	65.2	64.4	62.4	63.7	64.2	63.3	63.2	62.4

観光レクリエーション客数

市町名	1988年度	1989年度	1990年度	1991年度	1992年度	1993年度	1994年度	
静岡県(a)	71,263,518	74,229,652	77,861,765	82,991,085	83,799,847	80,183,383	83,431,493	
伊豆地域(b)	27,065,420	26,249,353	31,291,306	32,784,220	32,389,145	30,149,656	31,811,274	
シェア(b/a)%	38.0	35.4	40.2	39.5	38.7	37.6	38.1	

市町名	1995年度	1996年度	1997年度	1998年度	1999年度	2000年度	2001年度	
静岡県(a)	84,976,578	85,681,593	79,497,087	91,101,083	98,648,258	102,535,734	113,695,998	
伊豆地域(b)	31,577,071	32,080,497	30,154,489	29,529,747	31,386,030	31,210,404	32,962,165	
シェア(b/a)%	37.2	37.4	37.9	32.4	31.8	30.4	29.0	

市町名	2002年度	2003年度	2004年度	2005年度	2006年度	2007年度	2008年度	2009年度
静岡県(a)	109,473,716	113,238,488	115,973,552	114,360,463	116,702,461	117,381,353	119,519,194	123,518,395
伊豆地域(b)	31,456,738	30,278,781	29,122,451	29,976,631	28,717,470	28,314,863	27,617,037	28,703,997
シェア(b/a)%	28.7	26.7	25.1	26.2	24.6	24.1	23.1	23.2

出所：静岡県［2010a］より一部筆者作成。

泊客数も基本的には観光交流客数と同様ピークまでは増加傾向を示していたが、それ以降はほぼ一貫して減少が続き現在に至っている。2009年度の宿泊客数は、ピーク時より1,000万人以上少ない1,723万人であり、ピーク時の62.3％となっている。

観光レクリエーション客数については、1998年度に調査地点が追加されたり、調査対象や集計方法が変更されているために単純な比較ができないが、それでも観光交流客数や宿泊客数には見られない特徴的な動きを図1－2から読み取ることができる。それは、1988年度以降の一貫した増加傾向である。調査手法が変更された1998年度以降に限ってみても年平均3％近い伸び率を示しており、2009年度は1998年度を36％も上回る1億2,352万人を記録している。宿泊客数が大きく減少している一方で観光交流客数に回復傾向が見られるのは、このような観光レクリエーション客数の動きによるものである。[13]

次に、静岡県が3年ごとに行っている「静岡県における観光の流動実態と満足度調査　報告書」の最新版（静岡県［2010b］）により、静岡県を訪れる観光客の特性を簡単に見ていきたい。なお、この報告書では、先に挙げた「平成21年度　静岡県観光交流の動向」（静岡県［2010a］）とは異なり、県内の観光地域を「伊豆」、「富士」、「中部」、「西部」の4地域に区分している。

観光客の居住地を見ると、県内41.3％、関東35.6％、中部13.8％の順であり、今回の調査で初めて県内と関東の順位が逆転して県内がトップになった。[14]1995年以降、今回も含めた5回の調査結果を見ると、関東の占める割合の低下は著しく、1995年の49.0％から2009年の35.6％へと13ポイント以上減少しており、中部についても直近に行われた2回の調査で低下が見られる。

他方、県内客は回を追うごとに高まり（1995年の30.4％から2009年の41.3％へ約11ポイントの増加）、いわゆる「安・近・短」と言われる近年の観光客の行動の一端がうかがえる結果となっている。なお、今回初めて調査対象となった海外居住者（外国人観光客）は0.6％であった。

観光客の年齢（10歳きざみ9段階）では、60～69歳20.9％、30～39歳16.3％、40～49歳11.7％と続くが、60歳以上が全体の3割を上回る（30.5％）一方で、

20代と30代の合計比率は3割を切っている（27.7％）。1995年の調査と比較すると、20代は半減し（26.5％→11.4％）、60代は倍増しており（9.7％→20.9％）、若者の旅行離れと観光客の高齢化という傾向が観察できる。

旅行形態を見ると、個人旅行87.9％、旅行会社のパック旅行7.2％、職場・地域・学校などの団体旅行4.9％となっており、「団体旅行から個人旅行へ」という大きな流れが確認できる結果となっている。

旅行の同行者を見ると、家族39.5％、夫婦22.6％、友人・親戚・知人20.9％の順であり、夫婦を含めた個人・家族旅行が全体の6割以上を占めていることが分かる。なお、一人旅も10.4％おり、前回調査よりも増加している。

静岡県への旅行回数（県外居住者のみ回答）は20回以上25.5％、5～9回17.7％、10～19回16.3％、初めて15.1％と続くが、5回以上が6割を占めていることからリピーターの多いことが分かる。

宿泊日数では、日帰り旅行客が過半の52.1％で、宿泊旅行客が47.9％となっている。宿泊旅行客の宿泊日数を見ると、1泊74.6％、2泊18.9％、3泊3.7％であり、2泊以下の割合はこれまでの調査とほとんど変わらなかった。なお、平均宿泊日数は1.37日であった。

最後に、旅行の目的と旅行先に選んだ理由を見ておこう。

旅行の目的では、観光が89.0％と圧倒的に多く、次いで帰省・訪問・家事

---

(12) 観光交流客数は、2000年度に調査方法と調査対象に変更があったため、データの連続性は必ずしも保証されていない。この点の詳細については、野方［2011］134ページを参照。

(13) 静岡県が2011年8月24日に発表した2010年度の観光交流客数（速報値）を見ると、観光交流客数は1.5％減、宿泊客数は1.7％減、観光レクリエーション客数は1.5％減と軒並み対前年比マイナスとなった。特に2011年3月の落ち込みが大きく（観光交流客数で前年同月比25.7％減、宿泊客数で同38.7％減）、東日本大震災の影響を大きく受けたことがうかがえる。

(14) 関東は茨城、栃木、群馬、埼玉、千葉、神奈川、東京の1都6県、中部は新潟、富山、石川、福井、山梨、長野、岐阜、愛知の8県である。

(15) 調査では家族は以下の四つにグループ分けされている（カッコ内は割合）。「家族（子ども連れ）」（21.3％）、「家族（親と）」（3.9％）、「家族（親・子・孫3世代）」（8.1％）、「家族（その他）」（6.2％）。

（実家での手伝い）が5.2％、業務・出張が4.3％と続いている。静岡県を旅行先に選んだ理由（複数回答）を見ると、「自然が美しい」32.8％、「近い」32.2％、「温泉がある」31.4％と、この三つが特に高い比率を示している。[16]自然、立地、温泉といった、静岡県の主要な観光資源を反映した結果となっている。

（2）伊豆地域の観光の動向と観光客の特性

次に、伊豆地域の観光動向と観光シェア（静岡県全体に占める伊豆地域の割合）を図1－3および図1－4から、そして先に挙げた「平成21年度　静岡県における観光の流動実態と満足度調査　報告書」（静岡県［2010b］）によって伊豆地域の観光客の特性を見ていくことにする。

伊豆地域の観光交流客数のピークは、静岡県のそれと同じ1988年度の7,344万人であり、5割を上回るシェア（51.9％）をもっていた。それ以降、図1－3にあるように基本的には減少傾向が続いて現在に至っている。2009年度の観光交流客数は3,946万人であり、ピーク時との単純比較では54％の水準まで減少している。前項（1）「静岡県の観光動向と観光客の特性」で見たように、静岡県の観光交流客数は10年前から増加傾向に転じ、現在はほぼピーク時の水準まで回復しているが、伊豆地域のそれは回復の兆しが見られないまま現在に至っている。

このような観光交流客数をめぐる静岡県と伊豆地域の対照的な動きをもたらしているものは、図1－2と図1－3を比較すると明確になる。すなわち、宿泊客数についてはともに減少しているが、観光レクリエーション客数の動きに大きな違いが見られるということである。伊豆地域の観光レクリエーション客数がほぼ横這いなのに対し、静岡県のそれは先に見たように一貫して増加しており、その増加の大きさが宿泊客数の減少分を補っている。その結果、図1－4に見られるように、伊豆地域の観光交流客数のシェアはここ20年ほどで51.9％（1988年度）から28.0％（2009年度）に大きく低下することになった。

宿泊客数を見ると、ピークは静岡県のそれと同じ1991年度であり、同年の宿

図1−3　伊豆地域の観光動向

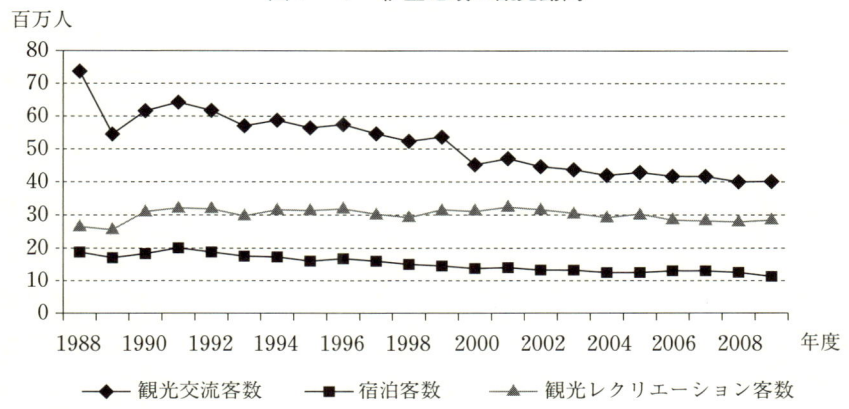

（百万人、横軸：年度 1988〜2009）
凡例：◆ 観光交流客数　■ 宿泊客数　▲ 観光レクリエーション客数

出所：静岡県［2010a］より筆者作成。

図1−4　伊豆地域の観光シェア

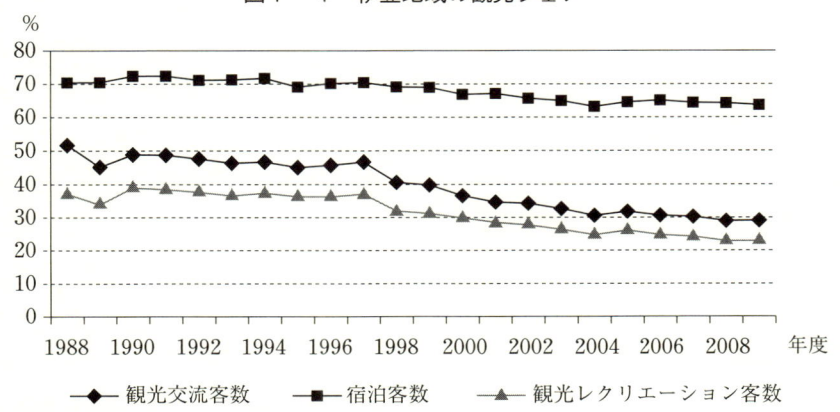

（％、横軸：年度 1988〜2009）
凡例：◆ 観光交流客数　■ 宿泊客数　▲ 観光レクリエーション客数

出所：静岡県［2010a］より筆者作成。

泊客数1,993万人は静岡県全体の72.1％を占めていた。県内に宿泊した観光客の4人のうちほぼ3人が、伊豆地域に宿泊していたことになる。静岡県の場合

⒃　4番目の「料理や土地の味覚が楽しめる」は12.5％である。

と同様、1991年度以降は減少傾向が続いたが、2002年度から2007年度までの6年間は1,200万人台で推移し、下げ止まりの兆しが見られた。しかし、リーマン・ショックを契機にした景気の大幅な落ち込み、新型インフルエンザの発生、伊豆半島東方沖地震などのマイナス要因が重なり、2008年度は1,183万人、2009年度は1,076万人まで減少した。

　ちなみに、2009年度はピーク時の54％の水準となっている。また、宿泊客数のシェアは、図1－4にあるように低下傾向にあるが、観光交流客数の場合ほど大幅な低下ではないし、2004年度以降の8年間は63％前後で安定的に推移していることが分かる。

　観光レクリエーション客数は、2001年度の3,296万人がピークとなっている。1988年度以降の22年間の動きを見ると、全体的な傾向としてはほぼ横這いの動きをしてきたと言えるが、細かく見ると、2001年度以降も緩やかではあるが低下傾向が観察できる。2009年度の観光レクリエーション客数は2,870万人であり、ピーク時の87％の水準となっている。他方、観光レクリエーション客数のシェアを見ると、先にも述べたように大きな低下傾向を示しており、ピーク時である1990年度の40.2％から2009年度は23.2％と大きく落ち込んでいることが分かる。

　次に、「平成21年度　静岡県における観光の流動実態と満足度調査　報告書」（静岡県［2010b］）によりながら、伊豆地域を訪れる観光客の特性を、前項で見た静岡県と比較しながら見ていきたい。

　観光客の居住地を見ると関東が61.9％を占め、次いで県内が24.3％、中部が8.3％となっている。静岡県全体では2位の関東（35.6％）であるが、さすがに地理的な近接さもあり、伊豆地域では関東が観光の主要マーケットとなっている[17]。なお、海外居住者（外国人観光客）は0.2％であり、4地域のなかでは最も低い数値となっている。

　観光客の年齢（10歳きざみ9段階）では、60～69歳21.6％、20～29歳16.7％、30～39歳16.1％の順となっている。60歳代以上の年齢層の比率は28.7％と静岡県のそれ（30.5％）とそれほど変わらないが、20～39歳について見ると、伊豆

地域は5ポイント以上上回る32.8％となっている。また、20〜29歳の比率を見ても、伊豆地域（16.7％）は静岡県（11.4％）を5ポイント以上上回っていることが分かる。したがって、静岡県全体と比べた場合、伊豆地域の観光客の高齢化や「若者離れ」の程度は緩やかであると言える。

　旅行形態を見ると、個人旅行86.3％、旅行会社のパック旅行9.9％、団体旅行3.9％である。静岡県の場合と同様、個人旅行の割合が圧倒的に高く、日本を代表する観光地である伊豆地域においても「団体旅行から個人旅行へ」という流れが進行していることがうかがえる。

　同行者については、家族37.7％、夫婦26.6％、友人・親戚・知人24.4％の順であり、静岡県の場合と同様、夫婦を含めた家族旅行が6割を超えている状況は変わらない。また、伊豆地域への旅行回数についても、20回以上が26.1％と最も多く、5回以上のリピーターが全体の6割を上回っていることも同様である。

　宿泊日数については、宿泊旅行客75.9％、日帰り旅行客24.1％と宿泊旅行客が圧倒的に多く、先に見た静岡県の場合と様相を異にする結果となっている。宿泊旅行客の割合の高さは、伊豆地域が全国有数の観光地であるということが反映された結果であろう。なお、平均宿泊日数が1.29日と県内4地域のなかでは最も短いが、これは「安・近・短」と言われる最近の観光客の行動を示すものかもしれない。

　旅行の目的を見ると、観光94.4％、帰省・訪問・家事2.5％、業務・出張2.2％であり、観光の割合が静岡県全体よりも5ポイント以上高くなっている。

　旅先に伊豆地域を選んだ理由（複数回答）については、トップ3は静岡県と変わらず「自然」、「近い」、「温泉」であったが、1位となった「温泉」が61.4％

---

(17)　富士地域も関東がトップ（44.1％）である。
(18)　静岡県［2010b］では、旅行会社のパック旅行は「観光案内付」と「自由行動型」に分けられているが、後者の比率が伊豆地域は県内4地域のなかで特に高い（伊豆地域7.0％、富士地域1.0％、中部地域1.6％、西部地域2.1％、静岡県全体3.4％）。有名観光地での「お仕着せ」の観光を嫌う行動と解釈できるかもしれない。
(19)　県内のほかの3地域の宿泊旅行客の割合はいずれも4割以下である。

を示しており断トツで、次いで「自然」39.2％、「近い」37.0％が続いている。静岡県全体では「温泉」は31.4％であったから、61.4％という2倍近い数値は、温泉がいかに伊豆地域の観光の魅力になっているかを示すものと言える。

温泉以外に静岡県全体の数値を大きく上回っているものを挙げてみると（以下のカッコ内は静岡県全体の数値）、「料理や土地の味覚が楽しめる」23.1％（12.5％）、「海水浴やマリンスポーツができる」13.0％（5.0％）などがある。[20] したがって、伊豆地域の魅力として認知されているもの（＝観光資源）としては、温泉、自然、立地（近さ）、味覚（グルメ）、海などであることが分かる。

次節では、これら観光資源を念頭に置いて、伊豆地域の観光の可能性を考えてみたい。

4 ● 伊豆地域の観光の可能性

これまでの議論、特に前節（2）「伊豆地域の観光の動向と観光客の特性」で展開した伊豆地域の観光動向をめぐる議論を踏まえて、この節では伊豆地域の観光の可能性について検討していく。

前節（2）でも見たように、「団体旅行から個人旅行へ」という観光ニーズの大きな変化は伊豆地域でも顕著に現れている。ただし、個人旅行とは「一人旅」だけを意味するものではなく、むしろ夫婦、家族、友人・知人などからなる「少人数旅行」という意味である。この点を確認しておくためにもう一度先の調査を引用しておくと、伊豆地域を旅行した人達の86.3％が自らの旅を「個人旅行」と答えており、同行者については88.7％の人が「夫婦、家族、友人・親戚・知人」であると回答している。

一般に、上に述べたような観光ニーズの大きな変化は、地域の観光のあり方に大きな影響を及ぼすことになる。新たに登場した観光ニーズに対して、伊豆地域はどのように対応しようとしているのであろうか。例えば、既存の観光資源をどのように利活用し、新たな観光資源をどのように開発し、動員しようと

しているのであろうか。

　ここでは、こうした問題を考える際の手掛かりをニュー・ツーリズムの考え方に求め、伊豆地域に適合した新しい観光の方向性を検討していきたい。

（１）観光ニーズの変化

　本章の冒頭でも述べたが、1990年代初めのバブル崩壊以降、日本経済は長期停滞に陥るとともにこれまで経験したことのない人口減少社会に突入するなど、経済だけでなく社会もまた大きな構造変動下にある。こうした経済・社会の大変動を背景に、日本の観光の有り様も大きく変化した。前節で見たように、静岡県や伊豆地域の観光交流客数や宿泊客数などのピークがすべてバブル崩壊前後に集中しているのは、その具体的な現れと言える。

　こうした観光の大きな変化を捉えるうえで、観光ニーズに焦点を当てることは当然と言える。なぜなら、一般に市場経済ではニーズにこたえる供給（生産）が大原則であり、ニーズの変化に対応できない市場参加者はその存在価値を失い、市場から退出せざるを得ないからである。観光とて、その例外ではない。

　それでは、観光におけるニーズの変化として何を取り上げるべきであろうか。ここでは、前節（２）での検討を踏まえ、先に述べた「団体旅行から個人旅行へ」というフレーズで表される観光ニーズの変化を検討していくことにする。ただし、このフレーズは、観光について具体的分析を行う場合には漠然としすぎているきらいがある。そこで、次のようにパラフレーズした形で検討を進めたい。

　すなわち、先に述べたような経済・社会の大きな変化は個人レベルでの価値観の多様化を促したと思われるが、観光の領域では、それは「個客」の観光行動や目的の変化につながった。その結果、従来の団体旅行に代表される「マ

---

⑳　逆のケースの代表が「買物が出来る」6.5%（11.7%）である。

ス・ツーリズム」に代わり「個客」のニーズにこたえる「ニュー・ツーリズム（新しい旅）」が求められるようになった。以下では、観光ニーズの変化を「マス・ツーリズムからニュー・ツーリズム」という形で捉えていくことにする。

　もっとも、「ニュー・ツーリズム」と言っても単一のものがあるわけではない。個人の多様な価値観を反映したものである以上、その中身も多様なものにならざるを得ない。しかしながら、「ニュー・ツーリズム」と呼ばれるものにも以下のような共通点を見いだすことができる(22)。すなわち、個人ないし家族・友人など小グループによる旅であり、旅の目的も自己の関心のあるテーマにこだわり、積極的な参加や体験を重視し、のんびりとした滞在を好むといった点である。

　マス・ツーリズムのもとでは、団体旅行で典型的に見られるように観光サービスの需要は画一的であり、供給の側の都合に合わせた「お仕着せ」の観光サービスを基本としたビジネスモデルで十分であった。しかし、先に見た観光ニーズの変化は、ビジネスモデルの変化を不可避的に引き起こすことになる。ニュー・ツーリズムに対応したビジネスモデルを考えるうえで重要なことは、従来のような形での観光資源（＝観光地の魅力）の利用の仕方では、新たな観光ニーズに対して適切な対応ができないということである。先に見たニュー・ツーリズムの共通点にマッチするような形で既存の観光資源の新たな利用法を工夫したり、新規の観光資源を開発するといったイノベーションが必要になってくる(23)。

　また、観光資源のイノベーションを考える際には、以下のような視点をもつことも大切となる。すなわち、観光客は一般にある特定の地点（場所）を目指して来るのではなく、一定の範囲（地域）を訪れるためにやって来るため、「点」としてではなく「面」としての観光、つまり「広域観光」という視点からイノベーションを考えることが重要となる。伊豆地域の広域観光をめぐる問題については第4章で取り上げられているので、ここでは広域観光という視点を意識しつつ、伊豆地域の観光資源の活用について検討していく。

（2）観光資源の活用

　ニュー・ツーリズムとしてよく取り上げられるものに「エコ・ツーリズム」や「グリーン・ツーリズム」がある。いずれも、自然環境、歴史、文化を対象に、それらを損なうことなく体験・学習したり、農山漁村の人々との交流を楽しむことを目的とした旅（観光）である。最近では、これらに加えて産業観光、文化観光、メディカル・ツーリズム、ヘルス・ツーリズム、スポーツ・ツーリズムなどといった多様な形態のものが提案されている。

　ところで、ニュー・ツーリズムに期待される具体的ニーズ（旅）としてはどのようなものがあるのであろうか。『レジャー白書2007』（社会経済生産性本部［2007］）では、ニュー・ツーリズムに関連する旅についての潜在需要の調査が行われている。(24)それによれば、第1位は「世界遺産を訪問する旅」であり、続いて「病気回復や健康維持・向上の旅」、「癒しの旅」、「大自然の魅力を味わう旅」が挙がっている。

　以下では、この「潜在需要」と「広域観光」という視点を踏まえながら、伊豆地域の観光資源の活用という点からこの地域のニュー・ツーリズムの可能性を考えてみたい。

湯治（とうじ）

　前述したように、伊豆地域が旅行先に選ばれる最大の理由は「温泉がある」

---

(21) ここで言う「個客」とは、画一的な嗜好をもつ「団体客」とは対極にある多様な嗜好をもった個人を意味する造語である。
(22) 例えば、社会経済生産性本部［2007］90〜92ページ参照。
(23) ここで言うイノベーションとは、J・A・シュンペーターの言う「今までとは違ったやり方でことを運ぶこと」という意味である。したがって、本文で述べたように、新たな観光資源を開発することだけでなく、既存の観光資源の新たな組み合わせや、新たなノウハウの開発などもイノベーションに含まれる。
(24) 社会経済生産性本部［2007］110ページ。なお、潜在需要とは、新しい旅の参加希望率から経験率を差し引いたものであり、「やったことはないが、今後やってみたい」ものを意味する。

修善寺の独鈷の湯（伊豆市）

（61.4％）であった。また、ニュー・ツーリズムに関する潜在需要の第2位は「病気回復や健康維持・向上の旅」である。そこで、温泉という観光資源の活用を従来とは異なる観点、すなわち「湯治」という観点から検討してみよう。先ほど挙げたニュー・ツーリズムの形態で言えば、ここでの話は「ヘルス・ツーリズム」に関連するものとなる。

「まえがき」でも述べたように、伊豆地域には湯治場としてのルーツをもつ温泉がいくつかある。「熱海湯治」の名を今に残す熱海温泉は、江戸時代から徳川家康や参勤交代の大名が盛んに湯治に訪れたという歴史をもち、3代将軍家光以降は熱海の湯が「御汲湯」として江戸城にまで献上されていた。伊東温泉にも、1650年に将軍家光に伊東の湯を献上したという記録があり、江戸中期以降は庶民が湯治に訪れるようになって賑わったと言われている。また、弘法大師が開湯した伊豆最古の温泉と言われる修善寺温泉（伊豆市）や伊豆長岡温泉（伊豆の国市）でも16世紀に湯治が行われていたという記録があり、古くから多くの湯治客が訪れていたことが知られている。[25]

近年、湯治を健康の維持・回復・増進という形でアレンジ（再構成）し、それを旅行に結び付ける形でのヘルス・ツーリズムが中高年層の健康志向と相俟

って注目されているが、伊豆地域の場合はさらに「湯治の歴史」という付加価値をつけたものが提案できるであろう。いくつかの観光資源を組み合わせるという視点は、観光資源のイノベーションを考えるうえで特に重要となる。

以下では、温泉を柱としたヘルス・ツーリズに関連した伊豆地域の取り組みをいくつか紹介していくことにする。

静岡県は、2001年に世界一の長寿県を目指すとして「ファルマバレー構想(富士山麓先端健康産業集積プロジェクト)」を発表した。2002年9月には、ファルマバレー構想の中核となる県立静岡がんセンターが開院し、翌2003年4月にはこのプロジェクトの支援機関である県の外郭団体「ファルマバレーセンター」(以下、センター)が発足した。そして、このセンターのモデル事業として2005年にスタートしたのが「かかりつけ湯」事業である。

この事業は、温泉による癒しと健康増進サービスを観光客に提供することを目的とし、良質な温泉とそれを活用した健康プログラムや健康に配慮した食事などのおもてなしを基本的コンセプトとしている。温泉の質にこだわるため、泉質、かけ流し・循環式などの区分、浴槽の管理といった内容を宿泊施設ごとに公開し、事前に温泉についての情報を観光客が入手できるように配慮している。まさに、「現代版湯治」ともいうべき内容になっている。

「かかりつけ湯」事業では、センターから伊豆地域の温泉宿泊施設に呼びかけが行われ、一定の条件を満たした宿泊施設のみが「かかりつけ湯」として選定されている。当初、選定された宿泊施設は39施設であったが、現在では52施設まで増加している。

一方、熱海では、先述した湯治の伝統につながる「温泉地熱海」の魅力を再発見してもらおうと、地元の医師を中心に1999年に「AMIC(Atami Medical Internet Club)」が設立され、2001年には「特定非営利活動法人(NPO法人)エ

---

(25) 湯治の歴史については、『伊豆大事典』(羽衣出版、2010年)の「熱海湯治」、「伊東温泉」などの項を参考にした。
(26) JTBヘルスツーリズム研究所によると、2007年のヘルス・ツーリズムの潜在市場は4.13兆円、国内観光・レクリエーションの25%を占めると推計されている(〈日本経済新聞〉2008年7月21日)。

熱海養生法（写真提供：NPO 法人エイミック）

イミック」に衣替えされて活動を展開している。エイミックは、「熱海養生法」として知られる熱海の温泉につかりながらストレッチをする温泉療法を考案し、現在その本格的な普及に努めているほか、熱海温泉とこの地域の観光知識を兼ね備えた観光案内人「温シェルジュ」の養成・認定をするプログラムを2005年から実施している。

また、以下に述べる伊豆市の取り組みは、必ずしも温泉だけに留まるものではないが基本的な考え方は非常に興味深いものである。

2005年より、伊豆市が主催する「伊豆市まるごと TO-JI 博覧会」がスタートした。これは、「パビリオンのない体験型博覧会」を謳い文句にして新しい湯治のスタイルを提案しようとする試みであり、温泉を核にして、各種の健康増進プログラムや農園・陶芸・和紙づくりといった体験、そしてウォーキングや

IZU-C（伊豆市）

サイクリングなどの運動メニューなどの様々な分野が組み合わされた1か月にわたるイベントである。⑵⁹

　行政が「IZU-C」というパンフレットを作成し、各種の体験プログラムや催し物などのPRを行うといったユニークな取り組みが注目されている。ちなみに「IZU-C」は、「IZU SEE（見る）」と「ビタミンC」をかけてつくられた言葉である。

自然景観
　伊豆地域の自然景観は温泉に次ぐ魅力となっており、この地を訪れる観光客以外にも広く認知されている。また、自然景観は、先に見たニュー・ツーリズムに関する潜在需要のなかで、「大自然の魅力を味わう旅」という形で第4位にも入っている。ここでは、自然景観の新しい活用例を紹介していく。
　一般に、自然景観は歴史や文化などと並ぶ各地域の代表的な観光資源となっている。この観光資源を「道」に結び付け、地域の観光振興や活性化につなげようとする試みに「日本風景街道」というプロジェクトがある。日本風景街道とは、「多様な主体による協働の下、道を舞台に、地域資源を生かした美しい国土景観の形成を図り、観光の振興や地域の活性化に寄与することを目的とする」（観光庁［2009］65ページ）国の事業である。2005年2月にモデル・ルートの公募やプレゼンテーションが始まり、2007年9月に登録が開始された。2011年7月7日現在、全国で121のルートが日本風景街道として登録されている。
　伊豆地域では、2007年11月に「なごみの伊豆なごみの道」として日本風景街

⑵⁷　「かかりつけ湯」に選定された宿泊施設での健康プログラムの一例を紹介しておこう。伊豆市の「船原館」では、水深1.2メートルの立ち湯施設を利用して、ストレッチと指圧療法を組み合わせたリレクゼーション法「ワッツ」や整体、指圧などセルフケアの手法を取り入れた「天城流湯治法」を実施している。問い合わせ先：かかりつけ湯協議会事務局（特定非営利活動法人伊豆地域振興研究所内）〒411-8555　静岡県三島市文教町2丁目31番145号　日本大学国際関係学部内　TEL&FAX：055-980-0783　Eメール：izukenkyuusho@nihon-u.ac.jp　HP：http://www.kakaritsukeyu.jp
⑵⁸　〒413-0018　熱海市上宿町4-1 内田ビル202号　TEL：0557-85-3253
⑵⁹　2010年、2011年とも11月1日から11月30日にかけて開催された。

日本風景街道：なごみの伊豆なごみの道

道に登録された「道」がある。伊豆半島を、国道135号の「伊豆東通り」、国道414号の「伊豆中通り」、国道136号の「伊豆西通り」と大きく三つに分けたうえで、それぞれ以下のような特徴づけを行っている。

「伊豆東通り」は温泉とミュージアムの道とし、伊豆地域を代表する観光地である熱海・伊東の温泉文化や文人・墨客にちなんだ保養地・別荘と伊東市伊豆高原地区の各種ミュージアムをめぐるルートとなっている。

「伊豆中通り」は開国と伊豆文学の道とし、天城山の自然や旧下田街道を舞台にした歴史や『伊豆の踊り子』などの文学をめぐり、「伊豆西通り」は夕日と

ふるさとの道とし、海岸沿いの夕日や富士山の眺めと農漁村の風景をアピールするルートになっている。

　上記以外にも、最近になって自然景観の新たな活用という点で興味深いプロジェクトがスタートした。「伊豆は一つ」を旗印に、2009年7月に県が提唱した「伊豆半島ジオパーク構想」である。ジオパークとは「地球活動の遺産を主な見所とする自然の中の公園」（日本ジオパーク委員会）であるが、地域の人がその自然遺産の価値と意味を理解・保全し、この遺産を楽しむジオツーリズムを推進し、地域経済を持続的に活性化するといった活動などをその内容としている。

　2011年9月現在、20の地域が日本ジオパークに認定されている。また、そのなかの洞爺湖有珠山、糸魚川、室戸、島原半島、山陰海岸の5地域は、世界遺産の地質版とも言われる「世界ジオパーク」にも認定されている。

　伊豆半島ジオパーク構想は、県による2009年の提唱以降、2010年2月の伊豆半島の市町長の合意を受けて同年7月にジオパーク分科会の設置が決定し、翌2011年3月に「伊豆半島ジオパーク推進協議会」が発足し、本格的な取り組みが開始された。

　伊豆半島には函南断層（函南町）、単成火山の大室山や溶岩流でできたリアス式の城ヶ崎海岸（伊東市）、冷えたマグマの塊の城山（伊豆の国市）、波の浸食で出来た島々が点在する堂ヶ島海岸（西伊豆町）など、様々な地質や地形をもったジオサイトが各所に見られる。伊豆半島の日本風景街道のルートにはこのジオサイトの多くが重なりあっており、観光資源としてシナジー（相乗効果）が期待されるところである。

　なお、伊豆半島ジオパーク構想では2012年の日本ジオパーク加盟、2015年の

---

(30) 全地域は以下の通り。白滝、洞爺湖有珠山、アポイ岳（以上、北海道）、男鹿半島・大潟（秋田県）、磐梯山（福島県）、茨城県北（茨城県）、下仁田（群馬県）、秩父（埼玉県）、伊豆大島（東京都）、糸魚川（新潟県）、南アルプス・中央構造線エリア（長野県）、白山手取川（富山県）、恐竜渓谷ふくい勝山（福井県）、山陰海岸（京都・兵庫・鳥取県）、隠岐（島根県）、室戸（高知県）、阿蘇（熊本県）、天草御所浦（熊本県）、島原半島（長崎県）、霧島（宮崎県から鹿児島県）

城山（伊豆の国市）

世界ジオパーク加盟が目指されており、現在活発な普及・啓発活動が行われている。[31]

伊豆半島ジオパーク構想と並行する形で静岡県は、山梨県と共同で富士山の世界文化遺産登録に向けた活動も行っている。こちらは2012年2月までにユネスコに申請し、2013年度中の登録を目指している。富士山が世界文化遺産に登録されれば、伊豆半島ジオパーク構想にも弾みがつくであろうし、ここでも伊豆と富士山周辺の両地域を対象とした観光へのシナジーが大いに期待される。

花

伊豆地域は1年を通して温暖な気候に恵まれ、四季を通じて様々な花々を楽しむことができる。ここでは、花という観光資源に着目し、その活用を検討してみたい。

表1-3は、静岡県における代表的な花のイベントを示したものである。参加者数の上位10のイベントのうち八つが伊豆地域のものであり、多くの観光客を引きつけていることが分かる。特に、河津桜や熱海梅園の梅は、いまや花見の「全国区」として知られるようになっている。

イベントの開催時期からも分かるように、冬から春にかけての花が中心にな

表1-3 静岡県の花のイベント

(単位：人)

順位	昨年順位	市町名	名称	2009年度計	開催時期
1	1	河津町	河津桜まつり	1,006,996	2月中旬～3月中旬
2	3	南伊豆町	みなみの桜と菜の花まつり	327,000	2月上旬～3月下旬
3	4	下田市	水仙まつり	250,000	12月下旬～1月末
4	2	熱海市	熱海梅園梅まつり	239,607	1月中旬～3月中旬
5	5	伊東市	伊豆高原桜まつり（桜並木）	210,000	3月中旬～4月上旬
6	7	下田市	あじさい祭	181,200	6月1日～6月30日
7	8	磐田市	熊野の長藤まつり	165,000	—
8	6	藤枝市	藤まつり	154,000	—
9	9	伊豆市	モミジまつり	102,139	11月下旬～12月上旬
10	10	伊豆市	梅まつり（修善寺）	70,169	2月上旬～3月下旬

出所：静岡県［2010a］より一部筆者作成。網掛け部分は伊豆地域。

っているが、伊豆地域には四季折々に年間を通じて楽しめる花が実はたくさんある。以下では、「花に溢れる伊豆」というコンセプトを具体的にイメージしていきたい。

　12月下旬から1月にかけての下田市の水仙（約300万本の野水仙の群落）、1月から2月にかけての熱海市の熱海梅園の梅（樹齢100年を超える古木など60種類、730本の梅）、伊豆市の修善寺梅林公園の梅（20種、3,000本の梅）、2月から3月にかけての河津町の河津桜（河津川沿いの約3kmの桜並木）、南伊豆町の桜と菜の花（約2kmの並木道）、3月から4月にかけての伊東市伊豆高原の桜並木（約3kmの桜のトンネル）、松崎町の那賀川沿いの桜並木（約6kmにもわたる1,200本のソメイヨシノ）、5月の伊東市小室山のツツジ（約10万本のツツジ）、6月の下田市のアジサイ（15万株300万輪のアジサイ）、9月の南伊豆町のマーガレット（全国一の生産量、翌年2月頃まで）、10月の伊東市小室山の椿（1,000種、4,000本の椿、翌年4月頃まで）などがあり、西伊

---

[31] 〈日本経済新聞〉2011年9月5日付の報道によれば、日本ジオパーク委員会は2011年12月1日までに島根県の隠岐を「世界ジオパークネットワーク」に申請すると発表した。

下田市の野水仙

伊豆半島花＆てくもぐウォーク

豆や中伊豆の洋ランは四季を問わずに1年中鑑賞できる。また、伊豆市「虹の郷」では、1月の水仙やロウバイから11月末の紅葉まで、ほぼ1年にわたって花を楽しむことができる[32]。

　こうした四季の花にウォーキングや伊豆の山歩きを組み合わせることによって、「自然景観」のところで述べたようなシナジーも期待できる。実際、伊豆地域の5市3町と伊豆の交通3社による共同企画であるウォーキング・イベント「伊豆半島花＆てくもぐウォーク」は、「四季折々の風景を楽しみながら伊豆を歩く」をコンセプトにしている。年間

10回程度開催されていることもあり、「四季の風景＋四季の花＋ウォーキング」という組み合せは十分に考えられる。

スポーツ・ツーリズム

　スポーツの観戦・参加と旅行を一体化した観光のことを、一般にスポーツ・ツーリズムと呼んでいる。これまで、我が国ではこの分野について関心が向けられることは少なかった。しかし最近、北海道ニセコや長野県白馬などのスキー場で見られる外国人客の急増を契機に、スポーツ・ツーリズムにも注目が集まるようになってきた。ここでは、ニュー・ツーリズムの共通点として挙げた「積極的な参加や体験の重視」という観点から伊豆地域のスポーツ・ツーリズムを具体的に考えてみたい。

　伊豆地域は、スキー場こそないが海と山に恵まれている所である。スキューバダイビング、ウインドサーフィン、シーカヤックなどのマリンスポーツは、東伊豆の伊東市、下田市、南伊豆町や西伊豆の松崎町、沼津市などで盛んになりつつあるが、ここでは山間部を利用したサイクルスポーツを取り上げてみたい。

　伊豆地域は、北に富士山、東に相模湾、西に駿河湾、半島内部には天城連山など自然景観は申し分がないほど恵まれている所である。また、山間部の道路は300～700メートル程度の標高と適度なアップダウンがあり、サイクリングコースとして十分すぎるぐらいの条件が揃っている。また、最近のエコに対する関心の高まりを背景として自転車愛好家が急増していることも見逃せない。

　さらに、伊豆市には「日本サイクルスポーツセンター」というサイクルス

---

(32) また、伊東市大室山の「さくらの里」では、40種3,000本の桜を9月～翌年5月まで間断なく見られる。

(33) 5市は熱海市、伊東市、下田市、伊豆市、伊豆の国市、3町は東伊豆町、河津町、南伊豆町である。交通3社は伊豆急行、伊豆箱根鉄道、東海自動車である。

(34) 日本競輪学校に併設されたスポーツ・レジャー施設。1965年に開設。5kmの本格的なロードコースをメインに、トラックレース用の400mピスト、マウンテンバイク（MTB）コースなど、各種のサイクルレジャーを楽しむことができる。〒410-2402　静岡県伊豆市大野1826番地　TEL：0558-79-0001

ポーツの普及を図る目的で造られた施設がある。自転車の国際ロードレースでアジア最高のレベルと言われる「ツアー・オブ・ジャパン（TOJ：Tour of Japan）」は毎年5月に開催されているが、TOJの全7ステージの一つである「伊豆ステージ」は、この施設の周回コースを中心に伊豆スカイラインなどを利用してレースが行われている。つまり、伊豆地域はサイクルスポーツを振興するうえにおいて最高の条件が揃っているということである。

参考までに、サイクルスポーツに関する中伊豆地域の自治体の取り組みを簡単に見ておこう。

伊豆市は「伊豆をサイクルスポーツ、サイクルレジャーの"メッカ"に」というスローガンのもと、先のTOJの「伊豆ステージ」をメインイベントにして、観光関係団体や自転車関係団体などと協力・連携しながら「伊豆サイクルフェスティバル」（10月）という自転車を楽しむイベントを開催している。また、2008年からは、相模湾の伊東温泉から駿河湾の土肥温泉までの標高差980メートルの「伊豆半島縦断サイクリング」（8月）というイベントもスタートさせている。

一方、伊豆市の北に隣接する伊豆の国市では、市の観光協会が主催する「狩野川100kmサイクリング」（10月）というイベントが行われている。レースではなく、雄大な景色を楽しみながら走るサイクリング大会であり、コースも160km、100km、50kmの3コースが用意されて初心者でも参加できるように配慮されている。

5 ⊙ 魅力を高めるうえでの重要なポイント——むすびに代えて

これまでの議論では触れることができなかったが、観光地としての魅力を高めるうえで重要なポイントとなる問題を提起して本章の結びとしたい。

第2節で述べたように、観光業は旅行サービス業、宿泊業、運輸業、飲食業、小売業などの集合体である。マイケル・ポーターは「特定分野における関連産

業、専門性の高い供給業者、サービス提供者、関連業界に属する企業、関連機関（大学、規格団体、業界団体など）が地理的に集中し、競争しつつ同時に協力している状態」（Porter［1998］訳書67ページ）を「クラスター」と呼んだが、観光業はまさにクラスターと呼べる存在である。

　しかも、この観光クラスターの特徴的なことは、それを構成する個々の産業では事業者間の競争が行われる一方で、産業間の補完・協力や産業の集積などが観光クラスターの「魅力」（観光サービスの質）に大きな影響を与えるということである。そのため、競争を通じてある産業のレベルアップ（サービスの質の向上）が図られても、他の産業でのレベルアップが同時に図られなければ観光の魅力は高まらないということになる。例えば、旅館の宿泊サービスがいかによくてもタクシー運転手のマナーが悪いままであれば、観光客は不快な思いを抱き、旅館の努力にも関わらず観光地としての魅力は高まらないということである。

　このように、観光地の魅力を高めるうえで大切なことは、観光クラスターを構成する産業が足並みを揃えて質の向上を図るという点である(36)。そのためには、地域の行政も含めて、観光クラスターを構成する産業間の連携・協力が不可欠となる。現実にこうした連携・協力の担い手として想定されるのは、地域の自治体を中心に宿泊業者、運輸・飲食・小売などの観光関連業者、そして観光協会やNPOなどの観光関係団体などから構成されている「地域観光促進協議会」といった名称の組織となろう。

　各地域の観光における魅力を高められるのか否かは、こうした組織の活動のあり方にかかっていると言える。この意味で、第4章で取り上げられるこうした組織をめぐる議論は、各地域の観光の魅力を高めるうえで重要な論点を提供するものと言える。

---

(35) （Michael E. Porter, 1947～）アメリカの経営学者。経済学博士（ハーバード大学・1973年）。現在、ハーバード大学経営大学院教授。
(36) 「足並みを揃えた質向上の行動」には、自分は努力せずに他人の努力に便乗するという「フリー・ライダー」の問題が常に生じる。この点については、野方［2010］256～257ページを参照されたい。

コラム　雪の降らないアルプス——沼津アルプス

　日本の国土は、丘陵地も含めた山地が4分の3近くを占めている。そのため、日本には様々な姿・形をした山が数多くある。随筆家であり登山家の深田久弥（1903〜1971）はそのなかから「日本百名山」を選定したが、それ以外にも様々な百名山、二百名山、三百名山がある。例えば、脚本家・作家として活躍した田中澄江（1908〜2000）は「花の百名山」を、深田久弥を敬愛する「深田クラブ」は「日本二百名山」を、日本山岳会は「日本三百名山」を選定している。後二者は「日本百名山」にそれぞれ100の山、200の山を加えたものである。
　登山家の岩崎元郎（1945〜）は、NHKテレビの『中高年のための登山学』などで山歩きファンにはよく知られている存在であるが、2004年に中高年世代

香貫山から見た富士山

にも無理なく登れること、全都道府県を網羅することなどを基準として「新日本百名山」を選定した。深田百名山のうち52山を残し、新たに48山を加えたものである。

この新たに加えられた48山の一つに「沼津アルプス」がある。沼津アルプスは、伊豆半島の西の付け根に位置する沼津市の東部を南北に縦走する5山7峠から構成されている。北に富士山、西に駿河湾、東に箱根連山、南に伊豆の山々があり、天気に恵まれれば富士山の西方に南アルプスも望め、一大パノラマを眺望することができる。

最高峰の鷲頭山(わしずさん)でも標高392mと新百名山中2番目となる低山であるが、鎖場や岩場など急峻なポイントもあり、ちょっとしたアルプス気分の味わえる魅力に溢れた山歩きコースとなっている。

5山7峠を6時間ほどで踏破できることや交通アクセスがよいこともあり、地元だけではなく首都圏からの日帰り登山者も多く、また「雪の降らないアルプス」として冬でも多くの登山者で賑わいをみせているルートである。

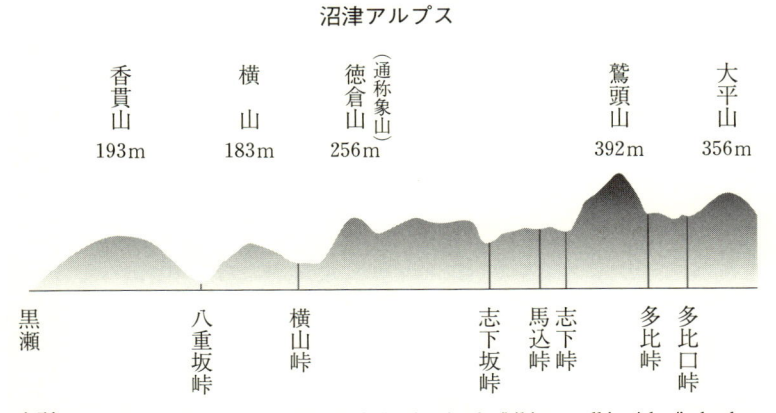

沼津アルプス

香貫山	193m
横山	183m
徳倉山（通称象山）	256m
鷲頭山	392m
大平山	356m

峠：黒瀬、八重坂峠、横山峠、志下坂峠、志下峠、馬込峠、多比峠、多比口峠

出所：http://www.city.numazu.shizuoka.jp/kankou/asobu/hiking_walking/alps/index.htm

第2章　狩野　美知子

伊豆地域の宿泊施設(1)
──現状と取り組み

熱海の旅館群

1 ⦿ 宿泊施設──観光供給サイドの代表として

　観光産業は、観光施設や宿泊施設をはじめとして、交通機関、飲食店、幅広い意味でのお土産品店など様々な企業を内包している。本章では、観光の供給サイドの代表として、観光客を直接の顧客とする宿泊施設を取り上げることにする。

　表2－1は、全事業所従業者に占める宿泊業従業者の割合を表したものである。これを見ると、静岡県や全国の値と比べて、伊豆地域は宿泊業従業者の占める割合が非常に高くなっていることが分かる。特に、熱海市、伊豆市、伊東市、下田市は10％台後半の値を示しており、かつては「東の熱海、西の別府」と言われ、温泉地の代表とされる別府市と比べても3倍近くの値となっている。これらのことから、伊豆地域の観光を考えるうえで宿泊施設の実態を知ることの意義は大きいと考えられる。また、これを地元の雇用創出という観点から見ると、宿泊施設が大きな役割を果たしていることも分かる。

表2－1　全事業所従業者に占める宿泊業従業者の割合

	全事業所 従業者数（人）	宿泊業 従業者数（人）	宿泊業従業者の 占める割合（％）
熱海市	22,033	4,287	19.5
伊豆市	15,737	2,646	16.8
伊豆の国市	21,349	1,718	8.0
伊東市	31,088	4,993	16.1
下田市	13,631	2,273	16.7
静岡県	1,825,065	137,821	2.1
全国	58,634,315	754,554	1.3
別府市	52,222	3,510	6.7

出所：『平成18年事業所・企業統計調査』（総務省）より抜粋し、筆者算出。

そこで本章では、2008年9月から2010年9月にかけて伊豆地域の宿泊施設20軒で実施した聞き取り調査の内容を中心に、この地域の宿泊施設の現状と取り組みについてまとめる。なお、本章において「宿泊施設」と表記する場合は、基本的に旅館・ホテルを指し示し、簡易宿所や会社・団体の宿泊所などは含まれていないことをお断りしておく。

2 ◦ 宿泊施設数の推移と調査の概要

　図2-1は、「熱海温泉ホテル旅館協同組合」、「伊東温泉旅館ホテル協同組合」と「下田温泉旅館協同組合」の加盟宿泊施設数の推移を表したものである。熱海温泉では1980年に147軒あった宿泊施設が、2010年には60軒（△59％）に減少している。同様に、伊東温泉では1980年に116軒あった宿泊施設が2010年には56軒（△52％）に、下田温泉でも1980年に59軒あった宿泊施設が2010年には25軒（△58％）に減少しており、いずれも半分以下となっている。

　また、伊豆市では詳細なデータの入手ができなかったが、修善寺温泉はピーク時に40軒あった宿泊施設が2009年には22軒（△45％）、土肥温泉は30年ほど前に約50軒あった宿泊施設が2009年には34軒（△32％）となっている。

　このように、過去30年間で伊豆地域の宿泊施設数は大幅に減少し、特に熱海

---

(1) 表2-1における伊豆地域5市のうち、宿泊業従業者の割合が特に多い4市について聞き取り調査を行った。これらの聞き取り調査の詳細については、石橋太郎・狩野美知子・野方宏・大脇史恵（[2009]、[2010]）、石橋太郎・狩野美知子・野方宏・大脇史恵・朴根好［2009］、狩野美知子・野方宏［2011］を参照のこと。
(2) 表2-1の作成のもととなった『平成18年事業所・企業統計調査』の宿泊業には、簡易宿所や会社・団体の宿泊所などが含まれている。
(3) 各市の統計書は宿泊施設の基準が統一されていなかったり、その基準が途中で変更になったりしているため、基本的にここでは、各地の宿泊施設協同組合加盟の施設数によって推移を捉えている。
(4) 熱海市にはこの他に、南熱海網代温泉旅館協同組合（一部の民宿も加盟）、伊豆山温泉旅館組合、伊豆湯河原温泉旅館協同組合があり、2011年現在の加盟施設数は、順に25軒、8軒、5軒となっている。

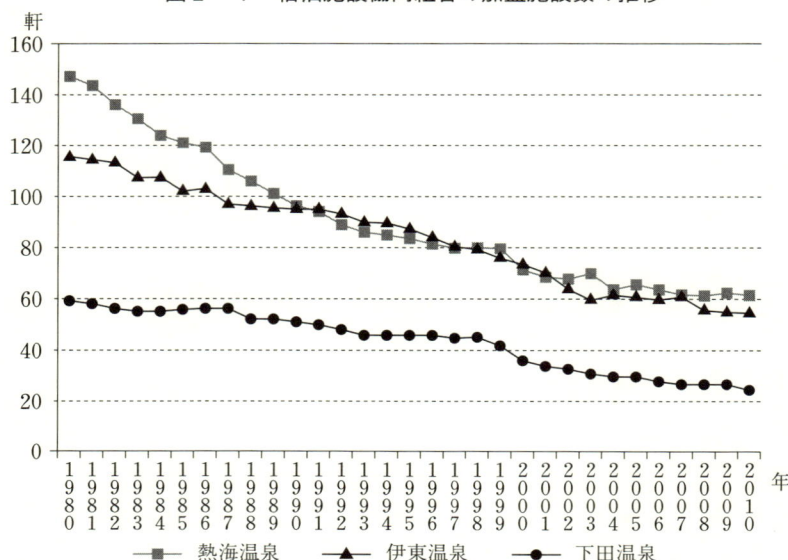

図2－1　宿泊施設協同組合の加盟施設数の推移

（グラフ：1980年から2010年までの熱海温泉、伊東温泉、下田温泉の加盟施設数の推移）

凡例：■熱海温泉　▲伊東温泉　●下田温泉

出所：熱海温泉ホテル旅館協同組合資料、伊東温泉旅館ホテル協同組合資料、下田温泉旅館協同組合資料より、筆者作成。

温泉や下田温泉では30年前の約4割にまで減っており、宿泊産業を取り巻く環境の厳しさをうかがわせる。

　聞き取り調査を実施した宿泊施設の概要は、**表2－2**の通りである。地域別に見ると、熱海市8軒、伊豆市5軒、伊東市4軒、下田市3軒の合計20軒である。これを規模別に見ると、30室未満の小規模施設が10軒、30～80室の中規模施設が7軒、120室以上の大規模施設が3軒となっている。また、料金設定で見ると、1万円未満の低価格施設が4軒、1万円台の中価格施設が7軒、2万円以上の高価格施設が6軒、不明3軒となっている。

表2－2　聞き取り調査を実施した宿泊施設の概要

番号	宿泊施設名	客室数	従業員（正）	従業員（他）	価格(注1)	聞き取り調査実施時期
1	伊東市A	120	140(注2)		－	2008年9月
2	伊東市B	50	21(注3)	11(注3)	－	2008年9月
3	伊東市C	70	7	26	7,800	2008年9月
4	伊東市D	49	40	40	－	2008年9月
5	伊豆市A	29	33	20	23,000	2009年3月
6	伊豆市B	12	6	17	20,000	2009年3月
7	伊豆市C	15	15	15	26,250	2009年3月
8	伊豆市D	26	16	12	13,650	2009年3月
9	伊豆市E	16	11	5	9,800	2009年3月
10	熱海市A	350	200	130	15,000	2009年10月
11	熱海市B	150	100	20	15,000	2009年10月
12	熱海市C	26	21	20	25,400	2009年10月
13	熱海市D	36	60	5	13,000	2009年10月
14	熱海市E	80	5	15	6,500（1泊朝食）	2009年10月
15	熱海市F	14	15		15,000	2009年10月
16	熱海市G	42	10	30	9,800	2009年11月
17	熱海市H	19	35		15,000	2009年12月
18	下田市A	5	13		36,750	2010年9月
19	下田市B	20	7	15	16,800	2010年9月
20	下田市C	39	30	30	16,000	2010年9月

出所：聞き取り調査の内容より、筆者作成。
（注1）特に断りのないものは、平日1泊2食付きの1室に2名宿泊時の大人1人分。
（注2）宿泊施設のホームページより。
（注3）WEB上の宿泊施設の求人情報より。

3 ● 客　層

　ここでは、宿泊施設を取り巻く需要サイド（宿泊客）の特徴を、いくつかの項目に分けて捉えていくことにする。当然のことながら、宿泊客の特徴は個別の宿泊施設において異なるが、聞き取り調査の内容から、伊豆地域の宿泊客の特徴と最近の変化について大まかにまとめる。

（1）宿泊客の人数規模

　ターゲットを高齢者の団体客に絞っているため、ほとんどが団体客という宿泊施設伊豆市E（以下、宿泊施設を省略して表記。これ以降のカッコ内は宿泊施設名を表す）の特殊な例を除くと、団体客が全体に占める割合は3割前後が多くなっている。客室数120室以上の大規模施設でも、団体客は全体の3〜5割である。なかには、もともと個人客中心（熱海市G、伊東市C、下田市A）という施設もあり、個人客や小グループ客がほとんどを占めるという施設が全部で8軒あった。地域別に見ると、いくぶん熱海市が団体客の割合が多い傾向にあるが、それでも団体客の割合が3〜5割に留まっている。一方、伊豆市修善寺地区は個人客が中心となっている。「10年前には団体客が5割を占めたが、現在は2割に減っている」（伊東市D）という声に代表されるように、団体客が減少し、個人客にシフトしているという傾向は全国的に見られる現象であろう。

　また、「昔は40〜50人以上を団体客といったが、最近は旅行業者の企画でも15〜20人規模を団体客と呼んでいる」（伊東市A）と言うように、団体客の規模も縮小化の傾向にある。団体客とグループ客の定義はあいまいだが、グループ客とは3〜4人を中心に10人未満くらいの規模を指しているようだ。これ以外にも、「旅行業者のツアーで来ても、現在は個人単位の参加が多い」（下田市B）という指摘もあった。

（2）宿泊客の性別および年代

「女性客と若い夫婦」（熱海市D）、「20～40歳代の女性」（伊豆市B）、「高齢者」（伊豆市E）といったように特定のセグメントをターゲットに設定している宿泊施設もあったが、大半は特にターゲットを絞ってはいない。しかし、そういったなかでも、「女性の少人数客が多い」（熱海市A）、「20～30歳代の女性が多い」（熱海市F）、「シニア女性が全体の6～7割」（熱海市G）、「女性と男性の割合は3対1」（伊東市A）、「40歳代以上の女性3名前後が中心」（伊東市B）、「女性が6割」（伊東市C）といったように、年代に関わらず女性客の多い様子がうかがえた。

（3）宿泊客の居住地域と客室稼働率

　訪れる宿泊客の居住地域を見てみよう。「首都圏から9割」（熱海市B）、「東京、神奈川を中心とした首都圏7～8割」（熱海市A）、「神奈川6割」（伊東市C）、「東京、神奈川、静岡の順に多い」（伊豆市C）といったように、全体的に首都圏、特に東京都や神奈川県の居住者の来訪が多く、次いで静岡県内からの宿泊客となっている。ただし、伊豆市修善寺地区は、東京都、神奈川県からの宿泊客が過半数を占めてはいるものの、大阪府からの宿泊客も20％近くを占めており、他の伊豆地域とは様子が少し異なっている。

　宿泊数ではほとんどが1泊で、週末中心の宿泊となっている。客室稼働率の面から見ると、週末や8月のハイシーズンは100％近いところが多くなっているが、平日はほとんどの宿泊施設が40～70％といったところである。そのようななか、「平均90％」（熱海市G）という宿泊施設もあった。週末中心に宿泊客が多くなっているが、平日は「60歳前後の人が別荘代わりに利用」（伊東市C）するケースや、「シニア中心に連泊がそこそこ多い」（熱海市E）といったように、平日中心にシニアが連泊するケースも低価格帯の宿泊施設には見受けられる。

全体的に見ると、伊豆地域の宿泊客は、近隣から週末に1泊2日でやって来る「(安)・近・短」の傾向が強いようだ。

(4) リピーター

「ほとんどがリピーター」(伊豆市E、下田市B) という特殊な例もあったが、それを除くと、リピーター率が5割を超えているのは低価格帯の宿泊施設(熱海市G、伊東市C) と「女性客と若い夫婦」にターゲットを絞っている宿泊施設(熱海市D) だけで、ほとんどの宿泊施設が1割前後となっている。なお、「ほとんどがリピーター」と答えた宿泊施設のうちの1軒(伊豆市E) も「高齢者」にターゲットを絞っているところであった。また、リピーター率が5割を超えているのは、いずれも中規模の宿泊施設であった。

(5) 外国人宿泊客

聞き取り調査を行った宿泊施設のなかに、外国人誘客を積極的に取り組んでいるところはなかった。むしろ、「まだまだ首都圏からの国内客の集客が可能と考えるので、外国人客を率先して引き受けない」(伊東市C) といった声に代表されるように、特には外国人客を望まないところが多いようだ。ただし、インターネットを見て直接予約を入れてくる個人客や、政府役人の視察旅行の宿泊は受け入れているようだが、多いところでも数%を占める程度である。

また、聞き取り調査を行った宿泊施設ではないが、伊東市で外国人を多く受け入れている宿泊施設があったが、それは経営者の個人的なつながりによるものであった。

外国人客と関連して「富士山静岡空港の影響や期待」について尋ねたところ、伊豆地域は首都圏からの観光客が多いことと、空港からのアクセスが不便という問題もあって、宿泊施設の関係者はあまり積極的な評価や期待をもっていなかった。なお、伊豆地域の外国人観光客の動向については第5章で詳しく述べ

られている。

4 ◉ 集客方法

　一般に、宿泊施設の集客方法は以下の三つに大別される。
　①店舗を有する従来型旅行業者（エージェント）を利用する。
　②無店舗でインターネット利用して集客を行うインターネット旅行業者（エージェント）を利用する。
　③自社のホームページやダイレクトメールなどを利用して、独自に集客を行う。

　①の代表的なものとして、「JTB」、「近畿日本ツーリスト」、「日本旅行」といった大手旅行業者がよく知られている。そして、②の代表的なものとしては、「楽天トラベル」や「じゃらんnet」がよく知られているが、このほかにも「ゆこゆこ」や「トクー！トラベル」[5]を利用している宿泊施設もあった。こういったインターネット旅行業者による集客は、従来型の旅行業者による集客に比べて販売手数料が安い一方で、宿泊単価の低価格化をもたらすという問題もある。
　③の自社集客の場合は、自社のホームページを利用するだけではなく、雑誌〈じゃらん〉や〈るるぶ〉、〈ぴあ〉を利用する場合や新聞広告を利用する場合、それ以外にもダイレクトメールを使用する場合などがある。この場合、①や②のように販売手数料を支払う必要はないが、掲載料という形の広告費や電話受付のためのコールセンターの経費、そしてダイレクトメール発送のための印刷費や送料がかかることになる。
　表2－3は、各宿泊施設の集客方法をまとめたものである。これを見ると、大規模な宿泊施設は従来型の旅行業者の利用が全体の40～80％と高くなってい

---

(5)　「ゆこゆこ」と「トクー！トラベル」を利用するメリットについては、本章のコラム欄を参照のこと。

表2－3　各宿泊施設の集客方法

番号	宿泊施設名	従来型旅行業者を利用	インターネット旅行業者を利用	自社(直接)集客	規模	価格	リピーター率
1	伊東市A	80%	10%弱(含む自社HP)	10%強	大	－	低
2	伊東市B	50%	「ゆこゆこ」30% 20%(含む自社HP)		中	－	－
3	伊東市C	0%	0%	100%	中	低	高
4	伊東市D	45%	25%	30%	中	－	低
5	伊豆市A	60%	10%(含む自社HP)	30%	小	高	－
6	伊豆市B	10%	30%弱	50～60%	小	高	低
7	伊豆市C	15%	25%	60%	小	高	－
8	伊豆市D	ほとんど0%	40%(含む自社HP)	50～60%	小	中	低
9	伊豆市E	90%	0%	10%	小	低	高
10	熱海市A	洋室：40% 和室：50～60%	10%	ダイレクトメール30%他	大	中	洋室：高 和室：中
11	熱海市B	50～60%			大	中	－
12	熱海市C	50%			小	高	－
13	熱海市D	0%	30%	70%	中	中	高
14	熱海市E	0%	0%	100%	中	低	
15	熱海市F	30%	50～60%(含む自社HP)	10～20%	小	中	低
16	熱海市G	0%	20%(含む自社HP)	80%	中	低	高
17	熱海市H	40%		60%	小	中	中
18	下田市A	60%	40%(含む自社HP)		小	高	中
19	下田市B	－	－	－	小	中	高
20	下田市C		30～40%(含む自社HP)		中	中	－

出所：聞き取り調査の内容より、筆者作成。
（注1）規模欄の「小」は客室数30室未満、「中」は客室数30室～80室、「大」は客室数120室以上を指す。
（注2）価格欄の「低」は1万円未満、「中」は1万円台、「高」は2万円以上を指す。
（注3）リピーター率欄の「低」は20%未満、「中」は20%～50%未満、「高」は50%以上を指す。

る。また、小規模でも高価格帯の宿泊施設は従来型の旅行業者の利用が比較的高くなっている。

　小規模で高価格帯の宿泊施設で従来型の旅行業者の利用が10％と低くなっている伊豆市Bは、リニューアル前の2006年までは従来型の旅行業者の利用が50％を超えていた。しかし、リニューアルを機に雑誌〈るるぶ〉や〈じゃらん〉に掲載してもらって自社集客を増やしている。これは、この宿泊施設が女性をターゲットに設定していることと関係があると思われる。当然のことながら、リピーター率の高い宿泊施設は自社集客率が70〜100％と高くなっている。

　このリピーター率が高い宿泊施設の唯一の例外は、ユニークな集客方法をとる伊豆市Eである。インターネットの普及に伴い、旅行業者を介さずに旅行者が自ら宿泊の予約をするケースが増加している現状のなかで、この宿泊施設は自社集客が10％で、残る90％はすべて従来型の旅行業者を経由して集客している。ただし、ここが利用している旅行業者は地方にある地場の中小旅行業者で、老人会の旅行を扱っているところである。

　この宿泊施設は高齢者の団体・グループ客をターゲットにしており、宿泊客のほとんどがリピーターだが、その場合でも、最初に旅行業者経由で訪れた客には同じく旅行業者を経由するように依頼している。このように、「旅行業者経由90％」という極めて高い数字の背景には旅行業者を「中抜きしない」という方針があった。

「中抜きしない」のは、老人会を相手にする旅行業者は少なく、こうした旅行業者との関係を重視しているためである。特に最近は、個人情報保護法の施行によって老人会の名簿が入手できなくなったため、老人会旅行の取り扱いに強みをもつ旅行業者に集客を依頼して販売手数料を支払っているわけである。これによって新規の顧客も獲得することができ、宿泊施設の利用を促進してもらう一方で旅行業者も儲かるという仕組みを維持する「win-win」の関係を築いている。

　自社集客において特筆すべきところは下田市Aである。ここは、現在では従来型の旅行業者の利用が60％と高くなっているが、1993年のリニューアル・

オープン当初は、自社集客が60％、従来型の旅行業者の利用が40％であった。ここでの自社集客は、テレビや雑誌の取材を受け、それを見た人々が直接予約をするというケースであった。この場合、基本的にメディア使用料は無料であるから、タダで全国に向かって宣伝を行ってもらえることとなった。

　1993年当時、露天風呂付き客室や浴衣を選ぶサービスは全国でも珍しく、それがテレビや雑誌で取り上げられて、オープンから10年くらいは客室の稼働率は80％を誇っていた。しかし現在は、同様の客室やサービスを提供するライバルの出現によって徐々にだが稼働率が下がってきている。常に新しい話題を提供し、メディアに取り上げてもらうというパブリシティ戦略をとり続けることは難しいわけだが、スポット的には効果が大きいと言える。

　伊東市では「ゆこゆこ」を利用している宿泊施設が多く、宿泊施設の関係者によると、小規模の宿泊施設のなかには「ゆこゆこ」とインターネットの予約だけで集客しているところも数軒あるということであった。一方、伊豆市では「じゃらんnet」の名前をよく耳にした。

　このようにインターネット旅行業者を経由した集客が増加するなか、新たな問題も登場してきている。それは、インターネット上の書き込み（口コミ）が宿泊施設の評価や評判に大きな影響を与えるということである。宿泊施設から見れば理不尽とも思われる苦情を書き込む、いわゆるモンスター・クレーマーの問題である。

　国内のオンライン旅行予約市場全体の20～25％と推測されている「楽天トラベル」、また年間取扱高においてそれに匹敵する「じゃらんnet」、ともにインターネット上に書き込み（口コミ）がされているが、特に「じゃらんnet」は書き込み件数が豊富なことで利用客増につながっていると言われている（〈月刊ホテル旅館〉2011年4月号、32～38ページ）。

　伊豆地域の宿泊施設でも「じゃらんnet」の書き込みに神経をとがらせているところもあり、熱海温泉ホテル旅館協同組合ではその対応に関する学習会を開いていた。ただ、地域によっては、書き込みはインターネット集客の宿命であり、「覚悟しておく必要がある」ことを強調しているところもあった。そこ

では、「どういう宿泊施設かということをきちんと情報発信することが大事であり、宿泊客の不満は客が宿を出る前に解決することが原則」(下田市B、下田市C) であるとの認識も示されている。

集客方法に関するポイントをまとめると、次の3点に集約することができる。
①大規模宿泊施設は従来型の旅行業者経由での集客率が高い。
②小規模でも高価格帯の宿泊施設は、従来型の旅行業者経由の集客率が比較的高い。
③リピーター率の高い宿泊施設は自社集客率が非常に高い。

5 ● 戦略——集客への取り組みを中心に

前節で述べたような集客方法をとりながら、各宿泊施設は客室稼働率を上げるために様々な取り組みを進めている。ここでは、聞き取り調査の内容から、それらの取り組みの特徴的なものをいくつかの項目に分けて捉えていく。

(1) コスト・リーダーシップ戦略

コストを削減することによって低価格を実現し、顧客を獲得した宿泊施設は4軒 (伊東市C、伊豆市E、熱海市E、熱海市G) であった。このうち、伊豆市Eは基本的に提供する宿泊プランは1種類のみである。これに観光を付加するかどうかで宿泊料金は変わってくるが、宿泊施設で提供する食事・サービスは均一のものを提供することによってコスト削減を図っている。

熱海市Eと熱海市Gに共通することは、業務の外注化によるコスト削減である。2003年にリニューアル・オープンした熱海市Eは、当時の熱海市としては珍しい低価格の1泊朝食付き (T&B) の宿としてスタートした。オープン当初からフロント業務以外、清掃・レストラン・売店・エステ部門のすべてを外注化している。このため、従業員数が極端に少なくなって人件費が抑えら

れ、前出の表2－2から算出すると、一人当たりの担当室数が16室、契約社員・アルバイト・パートを含めても4室となっている。ただし、外注化は「利益をとる会社が複数になる、新商品をつくるにも時間がかかる」という問題点が挙げられた。

一方、熱海市Gは、フロントと厨房（レストラン）部門には正社員とアルバイトが従事しているが、清掃と売店部門を外注化していた。

伊東市Cは、常にコストを意識した経営管理を行うことによって低価格を実現している。その管理方法は以下の四つであった。

① 毎日の収入（宿泊客数）と支出（人件費、光熱費、食材費など）を算出してグループ本部に報告し、収入の割に支出が多い時はその都度その理由を説明するという徹底したコスト意識の表出である。客室数だけが施設の規模を表わすわけではないが、ここでは70室の施設を社員7名と登録パート26名という少人数で運営している。ほかの宿泊施設の客室数と従業員数を見ると分かるように、ここも従業員一人当たりの担当室数が10室、登録パートタイマーを入れても2.1室となっており、生産性が高いことが分かる。

② この毎日の収支報告を発表し、グループ内で競争させる仕組みを採用している。

③ 客室単価の収入を増やしたり、連泊者を増やしてコストを抑えたりするために、意図的にインターネットで販売せずに電話で予約を受け付け、1室3名利用を優先したり、連泊者を優先するといったようなオペレーション面の操作をしている。

④ 規模の経済性の追求である。グループ施設での独自の流通システムを利用し、より安い仕入れ値の供給業者からの共同仕入れを行っている。また、旅行業者を経由した集客を行わず、100％自社集客のため、販売手数料や広告宣伝費がかからないこともコストを抑える要因となっている。

さらに、ここは全国で格安チェーンを展開するグループの一員であり、「365日同一料金」を宣伝文句に年間8割以上の稼働率を維持しているのだが、この

稼働率の高さが低価格を実現する一因にもなっている。宿泊業の場合、提供するサービスは期日までに消費されなければ消滅してしまうことになる。つまり、もし空室が発生すると、それはそのまま損失となる。したがって、いかに稼働率を上げるかが重要なポイントとなる。

（2）高付加価値戦略

前項とは逆に、高い付加価値の商品を提供することによって高価格戦略をとる5軒（伊豆市A、伊豆市B、伊豆市C、熱海市C、下田市A）の宿泊施設を見てみる。

これら5軒の従業員一人当たりの担当室数は1～2室、契約社員・アルバイト・パートを含めると0.4～0.6室であり、前項の低価格の宿泊施設とは大きく異なっている。伊豆市Cや熱海市Cは、建物は古いながらもそれを磨き上げることによって風格を出し、それを一つのウリにしている。特にターゲットを定めているわけではないが、「高い価格を設定することにより宿泊客が自己選別してくれることを狙っている」（伊豆市C）ところもあった。

（3）ターゲットを定める

伊豆市Eは、高齢者の団体（老人会）にターゲットを絞って、送迎付きの宿泊プランを実施している。最近は送迎付きを宿泊プランに取り組む宿泊施設が増えたが、ここは30年ほど前から送迎に取り組んでおり、この間に高齢者に対するノウハウを蓄積し、他の追随する宿泊施設がまねのできない強みをもっている。

例えば、食事はバイキング形式ではなく部屋食または食事処で提供したり、「（お金を）とられた」というイメージを客がもたないようにカラオケルームの無料化や部屋への飲食物の持ち込みを自由にしている。また、お嫁さんに面倒を見てもらっていると客に感じさせるように接するなど、接客面でも他の宿泊

施設と違った取り組みを行っている。

　宿泊客が高齢者であることから接客サービスも重視し、基本的には正社員で運営している。正社員とパートでは責任感に差があり、土肥という地にありながら海に面していないという立地条件の悪さをサービスでカバーするためには、パートでは無理だと考えている。つまり、ハードやロケーションの悪さをソフトでカバーする戦略をとっている。

　毎日、定時に従業員のミーティングを行い、気を付けてもらいたいこと、ネットに書き込まれた客の声などの情報を従業員全員で共有している。特に、宿泊客の本音を聞けるのが送迎の際のドライバーであることから、ドライバーが聞いた宿泊客の声を全体に反映させている。

　この伊豆市Eは、ターゲットを絞り、そのターゲットに対するノウハウの蓄積を活用し、さらにターゲットとなる層を集客する好循環をつくっているところと言える。

　最近は会社組織の旅館が増えて女将も減りつつあるが、伊豆市Bは、大女将、女将が健在する宿泊施設である。リニューアルを機に、カップル客、3～4人の女性グループ客、記念日旅行の家族客にターゲットを変更するとともに、主に20～40歳代の女性を対象としたターゲットの絞り込みを行っている。このため、「女性に優しい」ところであることを大切にし、女性向けのサービスを充実させている。例えば、大女将の着物を切ってテーブルセンターやお風呂に行く時の貸出袋・スリッパ留めを作っているほか、女性のカラー浴衣の貸出しを行ったり、若い女性が好むこだわりのアメニティや部屋で使用する貸出用のアロマオイルを用意したりしている。

　〈じゃらん〉の評価によれば、ここはサービスの点数が高い。客には、笑顔で丁寧かつ親切に接するように心掛けているが、「お籠り」をコンセプトにしているため、客がいる時には部屋に入らない、客が別室で食事をしている時に断ったうえ部屋の片づけを行うなどのように「程よい距離」のサービスに気を付けている。

（4）顧客満足度を高める

　熱海市Aでは、「おもてなし」の心であるホスピタリティを大事にしており[6]、常に全社員が「ホスピタリティブック」を携帯している。これには、「人の通りにくい道を進む（人の真似できないこと、やりたがらないことをする）」という創業者の経営理念や行動規範、ビジョンが描かれている。

　ホスピタリティブックを毎日朝礼で読み上げることで創業者の思いを全員で共有し、全社員が同じ方向を向いて行動できるようにしている。また、日本文化を大切にしており、女性社員に毎週お茶やお琴の稽古を受けさせて、入り口ロビーで毎日宿泊客に披露をしている。

　伊東市Bでは、宿泊料金の金額に関わらず、夕食はすべて部屋食となっている。「ゆこゆこ」などの低価格プランで宿泊した客も、旅館独自の高価格のプランで宿泊した客も、互いにプランの差を感じることなくそれぞれの満足度を高める効果があると考えられる。

（5）リピーターを増やす

　伊東市Cはリピーター率が7割という高い水準となっているが、このリピーターの多さも稼働率を高める要因となっている。リピーターを増やす取り組みとして、2008年から地元バス会社と組んで宿泊施設発のバスツアーを企画し、大人1人1,400円、子ども1人700円という低料金で実施している。

　コースは、景色（大室山、城ヶ崎海岸）と花（桜やツツジなどの季節の花観賞）と買い物（伊豆高原旅の駅）を取り入れ、月ごとに少しずつ変化させている。2～3月のピーク時には、バス3台を使っての1日に120人という送客実績ももっている。

　チェックアウト時には、フロントで翌月のイベント案内、バスツアーの案内

---

[6] 熱海市Aに対する宿泊客の評価は、サービスに対するものが一番高い。

などのチラシを手渡しているが、これが再訪を促す効果をもたらしていると言える。また、このリピーター率7割という実績から従業員と顔見知りの宿泊客も多く、宿泊客が来ると従業員は自然と「こんにちは」と声をかけている。特に社員教育を行っているわけではないが、「いらっしゃいませ」より「こんにちは」という言葉のほうが会話が続き、顧客との関係がより親密になる効果をもたらし、リピーターを増やすのに一役買っている。

連泊の顧客も多い。そのため、バイキング形式の食事内容を日替わりで2～3割変えている。さらに、連泊の顧客にはカレーやそばなどの昼食を無料で提供したり、洗濯機の利用も無料としたりするほか、自動販売機の飲料を通常価格で提供するなど連泊しやすい条件を整えている。とは言っても、この連泊者に対するサービスは、集客力を上げる要素には直接は結び付かないとのことであった。

伊東市の場合、旅館が集積する地域と観光地が離れており、公共交通機関を利用して訪れた人にとっては観光地への移動が非常に不便な状況にある。したがって、ここで紹介した宿泊施設発のバスツアーというのは、集客力をアップするうえで効果的であると思われる。一つの旅館が実施するだけではなく、集積するホテル間が連携してミニツアーを行うというのも一つの方法ではないかと考えられる[7]。

(6) 新規顧客の開拓

熱海市では、平日の稼働率を上げて固定経費を補うために、「素泊りプラン」、「1泊朝食付きプラン」といった商品を提供する形での泊食分離が取り組まれている。言うまでもなく、対象はビジネス客である。熱海市で聞き取り調査を行った8軒のうち、4軒が取り組んでいた[8]。

いずれも、2007年に熱海駅前に開業したビジネスホテルの価格設定を意識し、そこと同じレベルの価格で温泉付き、駐車場付き、料理の味やサービスといったビジネスホテルにはない点を強調してビジネス客を取り込もうとしている。

現在のところ実際の利用者は1割にも満たないが、この泊食分離の取り組みは新しい動きであり、2007年にオープンしたビジネスホテルの影響が大きいと思われる。

　熱海市では、このほかにも既存施設の有効活用や改修によって新規の顧客層を開拓する動きがある。例えば、熱海市Fでは規模の小ささを逆手にとり、和風旅館でありながら全館貸し切りの「ブライダルパック」を商品化しているブライダルそのものは、短時間で行われ収益性がよいこと、パックの利用者がリピーターにつながるといったメリット（例えば、結婚記念日での再訪）がある。ブライダルの取り組みは、熱海市Aでも最近力を入れている

　また、再生旅館の場合、既存のダンスホールを利用してのダンス大会を行って団体客を呼び込んでいるところもある。そのために、ダンスの専門雑誌に広告を掲載しているということであった。

6 ◉ 宿泊施設の再生

　第2節で、ここ30年間に伊豆地域の宿泊施設数が半数以下に減少したことを述べたが、その理由としては、バブル経済崩壊を引き金とした観光客の減少による経営難、後継者不足、あるいはその両方から老朽化した施設の建て替えを断念するなど、様々なものがある。ここでは、新聞記事や雑誌などの資料から、経営難や後継者不足で行き詰まるなかで再生した宿泊施設を取り上げることにする。おおまかに言えば、それらは、高付加価値を提供して高価格路線をとる

---

(7) ただし、2006年度から始められた道の駅マリンタウンと市街地をバスで結び、観光客を市中心部に誘導するという社会実験は、初期の目的を果たすことができずに2年間で打ち切られている。
(8) 特に泊食分離に取り組んでいない3施設のうち、熱海市Gは立地的な問題、熱海市Cは価格設定の問題でビジネス客の利用が実質的にないと見込んでいるようであった。残る1施設は、もともとT&B（畳&朝食）の1泊朝食のプランのみで展開している。また、1泊朝食付きのプランを提供しているが、利用者がまだ皆無という宿泊施設もあった。これは、熱海駅から離れているという立地的な問題によると思われる。

か、徹底したコスト削減と規模の経済性を追求するチェーン化で低価格路線をとるかの2極分化した傾向が見られる。

聞き取り調査を行った宿泊施設のなかにも、老舗旅館が再生した施設や低価格チェーンとして再生した施設が5軒含まれている。そのほかにも、聞き取り調査後に再生旅館として再出発した施設や、民事再生法の適用を申請して営業を継続している施設もある。

(1) 老舗旅館の再生

表2-4は、過去10年間の伊豆地域における主な老舗旅館の再生についてまとめたものである。この表では、次項で述べる「伊東園ホテルグループ」による再生は除いている。再生の手法が未決定の「大野屋」を除くと、すべて静岡県外の資本による再生となっている。また、外国人向けのホステルとなる「いな葉」のケースを除くと、老舗旅館を高付加価値の高級旅館として再生する手法となっている。

ここでは、伊豆地域の3軒（いづみ荘、アンジン、蓬莱）の再生をこのような手法で手掛けた「星野リゾート」を紹介しておこう。

星野リゾートは長野県北佐久郡軽井沢町に本社を置く、旅館やリゾートホテルの運営を受託する会社である。2005年より旅館再生事業に着手し、北海道から沖縄まで全国で24軒（2011年9月現在）の旅館やホテルの運営を行っている。最近の日本経済新聞では、「海外の高級ホテルチェーンに対抗する高級温泉旅館のチェーン展開」（2011年7月13日付）や「家族連れを狙ったリゾートホテルのチェーン展開」（2011年9月17日付）に乗り出すといったニュースが掲載されている。

ここは、顧客満足度、経常利益率、エコロジカルポイントという3条件でそれぞれに数値目標を設定し、これらを同時に達成することによってリゾート運営の達人になるという経営ビジョンを掲げている。そのビジョンに基づいた独自の仕組みを導入することによって、宿泊施設の業績を改善するサービスを提

表2－4　伊豆地域の主な老舗旅館の再生

再生年月	宿泊施設名 (旧)→(新)	市名	再生支援会社および新営業・管理会社
2002年11月	落合楼→落合楼	伊豆	2002年5月に民事再生法適用を申請。日本政策投資銀行とスルガ銀行が落合楼事業再生ファンドを組成し、オリオンに営業譲渡。
2003年4月	遊季亭→くつろぎ日和伊東遊季亭	伊東	FJネクストが取得し、グランビスタホテル＆リゾートに運営を委託。
2005年6月	いづみ荘→湯の宿いづみ荘	伊東	2005年1月に民事再生法適用を申請。ゴールドマン・サックスグループが取得後、星野リゾートに運営を委託。
2005年10月	あたみ百万石	熱海	運営管理会社がホテル百万石からファーイースト・キャピタルマネジメントに移管し、営業継続。ただし、2010年5月末から休業中。
2005年12月	大月ホテル→別館：和風館本館：ホテルミクラス	熱海	2005年10月に民事再生法の適用を申請。オリックス・リアルエステート（現オリックス不動産）が全額出資する大月ホテルマネジメントに営業権と資産を譲渡。
2006年7月	菊屋→湯回廊菊屋	伊豆	2005年に自主再建を断念。共立メンテナンスと20年間の賃貸契約を結び、共立メンテナンスが経営権を取得。
2008年3月	海風庭ゑびな→アンジン	伊東	ゴールドマン・サックスグループが取得後、2007年11月に星野リゾートに運営を委託。
2009年4月	蓬莱	熱海	星野リゾートと共同運営に着手。
2010年8月	いな葉→ケイズハウス伊東温泉	伊東	2007年6月に廃業後、ケイズハウスが取得し、国や市の景観形成総合支援事業の補助も受け、営業開始。
2010年11月	東府屋旅館→東府やResort&Spa-Izu	伊豆	米国のAFC社が営業権を取得し、営業再開。
(2010年11月)	大野屋	熱海	民事再生法の適用を申請したが、2011年1月に会社更生法の適用が決定。営業は継続中。

出所：〈静岡新聞〉朝刊および〈日本経済新聞〉朝刊他。

供している。(9)

　その仕組みとは、顧客満足度を把握・分析・向上させる仕組み、予約チャンネルを最適化する仕組み、労働生産性を向上させる仕組み、スケールを活かす仕組み、の4点に集約される。

　例えば、定期的に行う顧客満足度の調査により、顧客が価値を感じる要素とそうでない要素に分けて力を入れるサービスを取捨選択し、それに適した経費の配分や従業員の配置を決定し、提供するサービスと収益の両立を図っている。また、顧客満足度の向上という観点から各作業の外注化を原則的に廃止しているが、各従業員の手待ち時間をなくすため、1人の従業員が2〜3種類の業務を並行して行うマルチタスク化に取り組んで労働生産性を上げている。そして、このような仕組みをチェーン店すべてで展開することによって、予約システム、広報活動、調理プロセスなどで規模の経済性を追求している。

　前述のように、伊東市には星野リゾートが運営を手掛ける宿泊施設が2軒存在しているが、「宿泊施設の減少に歯止めがかかることは評価できる」といった肯定的な意見がある一方で、「伊東市のもつリゾートとしての明るいイメージや家族連れの雰囲気にマッチしない」といった旅館再生のコンセプトや、再生の手法に対する懸念の声も聞かれた。

（2）低価格チェーンの展開

　伊東園ホテルグループは、2001年に競売で取得した伊東園ホテル（伊東市）を皮切りに、東日本を中心に全国41軒（2011年9月現在）の低価格チェーンホテルを展開している。このうち14軒が伊豆地域に存在し、その内訳は熱海市5軒、伊東市3軒、下田市2軒、伊豆市、伊豆の国市、東伊豆町、松崎町がそれぞれ1軒となっている。

　この伊東園ホテルグループは異業種からの参入で、レンタルビデオチェーン、カラオケ店、マンガ喫茶をチェーン展開する「クリアックス」を親会社にもつ「スタディー」が運営している。

伊東園ホテルグループは、1年365日均一の7,800円の料金を基本として設定している。経営が破綻した宿泊施設を競売などで安く取得し、1人の従業員に複数の業務を担当させることで人件費を削減し、バイキング形式で食事を提供するほか、ほぼ100％の自社集客を行っていることで低価格を実現している。また、個人客がターゲットであることも特徴として挙げられる。

　聞き取り調査に際して、各宿泊施設にこういった低価格チェーンの進出をどう思うか尋ねたところ、「厳しい価格競争を強いられる」という否定的な意見があると同時に、「経営や宣伝の仕方、宿泊プランの立て方など、新しい経営の考え方が参考になる」といった肯定的な意見も聞かれた。

　熱海市では、伊東園ホテルグループ5軒で約800室あり、熱海市全体の客室数の2割を占めている。筆者の率直な感想を述べれば、こういった低価格ホテルの進出は、これまでの「宿泊料金が高い、物価が高い」という熱海市のイメージを変え、団体客から個人客、ファミリー客への客層の変化に一役買っていると言える。また、これまで少なかった若者の誘客にも役立っていると思われる。

　「コラム」（78ページ）で述べた低価格の宿泊予約サイトの出現やこのような低価格チェーンの進出は、各宿泊施設に宿泊料金の値下げという圧力をかけることとなり、いかにコストを削減して利益を出すのかという競争を強いている。

熱海七湯の大湯間歇泉

---

(9)　星野リゾートの手法については、中藤［2005］、桐山［2008］が詳しい。

また、厳しい経営環境のなか、競合する他の施設に勝つにはどこまで価格競争を続ければいいのかと悩ましい問題となっている。

ホテル経営学で有名なアメリカのコーネル大学で教育・研究を行っているエンズ・カニーナ（Enz・Canina・Lomanno）らが2009年に書いた「Competitive Pricing Decisions in Uncertain Times.（不確実な時代における競争的価格設定の決断）」によれば、「競合する他施設より低い価格設定を自らの施設ですれば、客室稼働率は上がるが収益は下がる。競合する他施設より高い収益を上げるためには、より高い価格を設定することである」という研究結果が出ていることをここでは紹介しておきたい。

7 ◉ 今後の展望

全国の温泉地にある小規模旅館の経営動向に関する著作の多い浦氏は、「東鳴子温泉における小規模旅館の経営動向」という論文のなかで、「旅館業者が独走することなく地域住民と共存共栄を図る必要があろう」（浦［2007］ 8

開国の街下田の駅前広場

ページ）と述べている。また、別の論文「地域活性化に貢献する宿泊産業の地域連携に関する研究」では、地域活性化に貢献する宿泊産業の地域連携モデルとして、神戸市の有馬温泉にある「有馬里」が紹介されている（孫・大野[2007]）。

このような考え方は、もともと黒川温泉（熊本県）の「黒川温泉一旅館」の発想に由来すると思われるが、伊豆地域でもそのような意味で宿泊施設が目指すべき方向性を示唆するものとして、下田市での聞き取り調査の内容を紹介しておこう。

下田市での聞き取り調査では、全体として「地域とともに、地域に誇れる宿泊施設になるための取組み・活動をすることが地域も旅館もよくなる」という発想があったのが印象的であった。

下田市Cでは、このようなコンセプトのもと、地元の人達が夢をもって勤めたいと思えるような旅館にしたいという願望から接客業務の改革に動いた。具体的には、従来の接客係の勤務形態は朝と夜だけのいわゆる「中抜け」と呼ばれるものであったが、これを早番と遅番の二交代制に変更している。二交代制では、スタッフの待ち時間が増大してコスト増につながるため、これまで外注していた「皿洗い」や「清掃」といった業務を内部で行い、従業員が複数の業務を担当する「マルチスタッフ化」[10]によってコスト増を防ごうとしたわけである。

このマルチスタッフ化に際しては、従業員本人の意志や能力に応じたグループ化を行い、各人のスキルに合わせた形をとっている。このようなマルチスタッフ化は、必ずしもこの宿泊施設独自のものではない。既に、箱根の「一の湯」や前述の「星野リゾート」などでも類似のシステムが導入されている。

しかし、注意しておくべきことは、このシステムが導入された背景である。それは、単なる宿泊施設の効率的オペレーション（運営）を目的としたものではなく、従業員の負担軽減・生活サイクルへの配慮や地域の雇用を維持する視

---

(10) マルチスタッフ化よりも「マルチタスク化」という用語のほうが一般的であると思われるが、ここでは聞き取り調査時に聞かれたマルチスタッフ化という言い方を用いておく。

点から具体化される「地域の宿泊施設のあるべき姿」に関わる基本的な理念に由来したマルチスタッフ化であった。

　また、下田温泉旅館協同組合では、下田商店組合や下田料理組合とともに、下田を元気にする「市民も得するキャンペーン」を実施している[11]。このキャンペーンは地域の人達とともに地域の活性化を図るためのものであり、下田市民が下田温泉旅館協同組合に加盟する26軒の旅館に宿泊客を紹介すると、旅館から下田クレジットに加盟する約140店舗で利用できる共通商品券が還元される[12]というものである。

　ちなみに、第1弾が2009年10月15日～2010年3月31日に実施され700～800名の宿泊客が紹介された。第2弾は、2010年7月15日～2011年3月31日に実施されたが、残念ながら紹介された宿泊客は100名に満たず、最初ほどの効果は見られなかった。今後、宣伝方法を考える必要があるだろう。

　このような活動の根底にあるのは、下田市民が知人に紹介できるような旅館

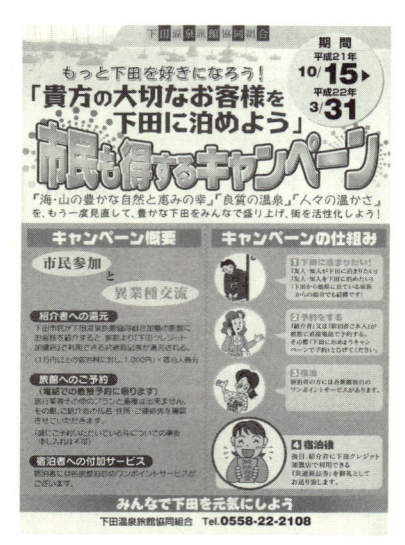

「市民も得するキャンペーン」のリーフレット　　　下田市宝福寺にある龍馬木像

にそれぞれがなるということは個々の旅館が努力をしているということの証明であり、個々の旅館がよくなれば結果として地域もよくなって活性化するという考え方である。また、あえて「観光地づくりを行わなくても、住みやすい町ができれば自然と観光客もやって来る」という考え方も含まれている。

　このような下田市で見られる宿泊施設の変革や活動は、単に宿泊施設としてどう生き残っていくのかを考えるだけでなく、観光によっていかに地域を活性化させるのか、そのなかで宿泊施設はどのような役割を担うのか、といったことを考える必要があることを示している。

　観光産業が様々な企業を内包していることは本章の冒頭でも述べたが、下田市の例を別の側面から見れば、宿泊施設が地域の主要な産業である観光を支える一つの核となりえることも示している。宿泊施設と地域の他企業が連携して様々な形で観光客を地域に呼び込むことが、地域の活性化に役立つことは間違いない。

　さらに、このような考え方は一つの市に留まるものではなく、広く伊豆地域として捉える必要がある。また、観光庁が進める泊食分離の取り組みは、ビジネス客の需要がある熱海市以外は伊豆地域においてはあまり進んでいないのが現状である。しかし、この取り組みはもともとビジネス客を狙ったものではなく、外国人観光客の誘客や滞在型観光の促進を目的としたものである。このため、伊豆地域の広域観光の取り組みと連携して滞在型の宿泊客を増やす取り組みも不可分となる。いずれにしろ、今後は他地域での取り組みも調査し、そことの比較をしながら伊豆地域として何をウリにして取り組んでいくのかを検討する必要があるだろう。

---

(11) 〈伊豆新聞〉2009年10月10日付参照。
(12) 1万円以上の宿泊料金を対象として、宿泊者一人当たり1,000円を還元した。
(13) ホテルの宿泊料金は一室当たりの客室料金を指すのが通常であり、旅館の1泊2食の料金の内容が外国人観光客に分かりにくいことから、1泊2食の宿泊料金を室料と食事料金に分けて、分かりやすくしようというもの。

> **コラム** 宿泊予約サイト「トクー！トラベル」と「ゆこゆこネット」

　宿泊予約サイトと言えば、ビジネス客のシェアが高く総合旅行サイト化も進んでいる「楽天トラベル」（楽天トラベル運営）、レジャー客に強く口コミ件数が豊富な「じゃらんnet」（リクルート旅行カンパニー運営）、高級ホテル・旅館に特化した「一休．com」（一休運営）が大手3社としてよく知られている。
　宿泊施設は、このような宿泊予約サイト経由で宿泊客を獲得した場合は、サイトの運営会社に約10%の販売手数料を支払っている。ここでは、これら大手3社と異なり、特定の市場に特化したユニークな宿泊予約サイト「トクー！トラベル」（クーコム運営）と「ゆこゆこネット」（ゆこゆこ運営）を紹介する。
　「トクー！トラベル」は、加盟宿泊施設数2,947軒、会員数1,025,496人（いずれも2011年3月11日現在）を有している。ここのユニークなところは、宿泊施設から販売手数料をとらない代わりにユーザー（宿泊客）が支払った会費で運営されていることである。このため、販売手数料を上乗せした宿泊料金を提示する必要がなく、その分安く設定することができる。さらに、宿泊日前日と当日に限ってディスカウントする「間際割引」（10%～15%前後の割引）の適用もあり、残室に応じた価格設定により空室を減らす効果がある。
　このサイトの知名度を高めた「トクー！市」は、宿泊施設が指定する日程に最大99%オフの109円で宿泊できるというもので、宿泊施設側から見れば、このサービスに参加する施設一覧に1週間にわたって掲載されるので、広告代わりになるというメリットがある。
　「ゆこゆこ」は、1泊2食付き1万円前後で泊まれる温泉地の旅館・ホテルに特化したサイトである。また、「気軽に、お得に。平日、何度もお出かけ」をキャッチフレーズしていることからも分かるように、平日に宿泊可能なシニア市場を狙ったものでもある。このため、予約サイトの運営と同時に宿泊情報雑誌『ゆこゆこ』の発行、新聞広告の掲載という三位一体の展開を行い、自社

第2章　伊豆地域の宿泊施設(1)

コールセンターでの受け付けも行っている。2011年9月現在1,402軒の宿泊施設が加盟しており、会員数387万人、2010年度の送客実績が223万人となっている。

「ゆこゆこ」は、宿泊客が宿泊施設に支払った料金のうち25％を販売手数料として徴収している。JTBや近畿日本ツーリストといった有店舗の従来型の旅行業者の販売手数料が約15％であることを考えると割高ではあるが、宿泊施設にとっては二つのメリットがある。一つは資金繰りの問題であり、もう一つは平日の稼働率のアップである。従来型の旅行業者の場合はクーポン精算のために現金を手にするまでに数か月かかるが、「ゆこゆこ」は現金精算のため即時に現金を手にすることができる。季節変動の大きい宿泊産業においては、必要な経費を必要な時に現金で獲得できるということは大きなメリットとなる。また、従来型の旅行業者は、集客が休前日や正月などのハイシーズンに集中する傾向にあり、平日の集客が弱い。このため、販売手数料が割高でも、平日の集客に強い「ゆこゆこ」を利用するメリットはある。

宿泊情報雑誌『ゆこゆこ』

　こういったメリットがある一方で、このような宿泊予約サイトはやはり安さを売りにする傾向があり、宿泊施設の側から見れば料金の低価格化に拍車をかけるというデメリットがある。そのため宿泊施設はコスト削減の競争を強いられることになり、料理一つをとっても、刺身の厚さを変えたり切れ数を減らしたりといった細かな工夫を行っているのが現状である。

第 **3** 章　　　　　　　　　大脇　史恵

伊豆地域の宿泊施設(2)
――課題と戦略

城ヶ崎海岸（伊東市）

1 ● 観光の活性化と宿泊施設の関わりについて

　観光立国の実現は、今日、国を挙げて取り組むべき重要課題の一つとされている。それは、「観光は、旅行業、運輸業、宿泊業および飲食業等の観光関連産業に加え、農林水産業や商工業等の幅広い産業に対する生産や雇用機会の増大に大きな波及効果をもたらすとともに、地域経済の活性化にも寄与する21世紀の有力な成長産業の一つとして大きな期待と関心を集めている」という『観光白書（平成19年版）』の記述を見ても明らかである。また、同書の平成21年版には、「今後の少子高齢社会において活力に満ちた地域社会を実現するとともに、国際相互理解の増進や諸外国の期待に応えていくためには、我が国において、観光による交流人口を拡大していくことが重要である」という記述も見られる。

　このような認識のもと、第1章でも触れたように、官を中心とした動きとして観光立国に向けての国を挙げての体制整備が進められているとともに、国内の各地域でも「官」あるいは「民」による観光振興のための取り組みが今日活発化している。伊豆地域もまた、上記のような認識のもとに観光の活性化を図ろうとする取り組みが盛んに行われている地域として位置づけることができる。

　観光を活性化するために「官」の取り組みが重要な役割を果たしているわけだが、地域に根差して観光を実際に支えている主体である「民」もまた、そのために重要な役割を果たす存在であると言える。「民」を代表するものとして本章では、第2章に引き続いて伊豆地域の宿泊施設に焦点を当てて取り上げることとする。観光を活性化するためには、その地域に存在する宿泊施設にいかなる魅力があるのかということが重要視されるからである。

　国内外には様々な観光地が無数に存在している。そして、観光客がそれらのなかからある特定の地域を選択して訪れる理由もまた多様である。一般的に言える理由は、他の地域を上回るだけの魅力が行き先にあると認識したからであるが、その魅力のなかには宿泊施設がもっている独自の特徴も含まれている。

つまり、ある地域に存在するある宿泊施設が何らかの魅力を観光客に提供しうる存在であるということを理由として、観光客が当該地域を訪問先として選び出している可能性もありえるということである。言い換えれば、個々の宿泊施設が競争相手（＝他の宿泊施設）とは何か違う特徴をもち、またそれを観光客が享受したいような「価値」を提供している存在であれば、その地域を訪れる[3]ということである。当該地域の観光の活性化を図るための重要な一要因として、魅力ある宿泊施設の存在を挙げることができる。

　本書の執筆メンバーを中心とする研究チームは、2008年9月から2010年9月にかけて、伊豆地域の宿泊施設を対象とする聞き取り調査を実施した。また、これに先立ち、2005年から伊豆地域との比較検討先として、全国各地の観光地において同じく聞き取り調査を重ねてきた[4]。伊豆地域の宿泊施設に関する調査結果のまとめについては第2章を参照していただきたいが、以下、上記の調査によって得られた知見をもとに、伊豆地域の宿泊施設が魅力的な存在となりえるために求められる戦略の一考察を提示することを目的として、本章を展開することとする。

---

(1) 国土交通省編［2007］『観光白書（平成19年版）』7ページ。
(2) 国土交通省観光庁編［2009］『観光白書（平成21年版）』3ページ。
(3) 経営学において競争戦略という考え方、すなわち競争戦略論は、様々な視点から多くの研究者が議論を展開している。その代表的論者としてここでは、J.B.Barney と M.E.Porter という二人の研究者を紹介するとともに、その代表的な書籍を以下に記すこととする。必要に応じて参照されたい。
　・Barney, J.B.［2002］*Gaining and Sustaining Competitive Advantages*(2nd ed.), Prentice Hall.（岡田正大訳［2003］『企業戦略論：競争優位の構築と持続（上）基本編』、『企業戦略論：競争優位の構築と持続（中）事業戦略編』、『企業戦略論：競争優位の構築と持続（下）全社戦略編』ダイヤモンド社）。
　・Porter, M.E.［1980］*Competitive Strategy*, Free Press.（土岐坤他訳［1982］『競争の戦略』ダイヤモンド社）。
　・Porter, M.E.［1983］*Competitive Advantage*, Free Press.（土岐坤他訳［1985］『競争優位の戦略』ダイヤモンド社）。
(4) 実施した聞き取り調査については、それぞれ調査報告をまとめ文献として公表している。聞き取り調査内容の詳細については、参考文献一覧に掲載した調査報告一式を参照していただきたい。なお、本文のこれ以降において、これらの聞き取り調査をふまえての記述についてはその都度出所を明記しないこととする。

2 伊豆の宿泊施設を取り巻く経営環境の変化

　そもそも伊豆地域が本格的な観光地として多くの人々の注目を集めるようになったのは、1960年代、東海道新幹線の開通などがきっかけであった。首都圏からの交通アクセスのよさが好感を集め、とりわけ首都圏（なかでも東京と神奈川）から多くの集客を得るようになり、この傾向は今日も変わっていない。
　第1章で示されたように、静岡県全体では、観光客全体に占める割合として日帰り旅行客が52.1％、宿泊旅行客が47.9％となっているが、伊豆地域においては、日帰り旅行客は24.1％、宿泊旅行客が75.9％となっている。つまり、伊豆地域は、観光客全体における宿泊旅行客の占める割合が非常に高いと言える。[5]本節では、このような伊豆地域の宿泊施設を取り巻く経営環境について触れていくことにする。

（1）観光に対する顧客ニーズの多様化[6]

　日本において、「観光」という言葉が広く浸透し始めたのは戦後のことである。社会が豊かになるにつれ、娯楽としての旅行を享受しようとする人が多く現れた。とはいえ、観光普及の初期においては、旅に行くこと自体が目的となっていた。その後、「観光客」、「観光地」、「集客ルート（旅行会社）」が三位一体となって発展した「マスツーリズム」[7]によって、現在の観光のもとが形づくられてきた。
　均質的な観光客を大量に旅行会社と観光地が受け入れ、効率的に非日常の世界を提供することで大きな収益を上げるというような観光をめぐるビジネスモデルが成立していたのが、この時期であると言うことができよう。我々の実施した聞き取り調査によると、伊豆地域に立地する多くの宿泊施設もまた、従来はこのビジネスモデルに則って事業を展開してきたところが多い。
　しかしながら1990年代に入ると、マスツーリズムとして展開されてきたそれ

までの観光から求められる観光の質が大きく変わった、これはバブル経済を経ることで観光客の質が大きく変わっていったことに起因しているという。バブル経済を経験したことで、それまでとは違った豊かさを知った観光客の欲求は非常に高くなり、旅に出ることだけが目的ではなく、何らかの特別な目的や思いをもち、自らが満足できる旅を求めるといったように欲求が多様化していった。観光需要の高度化・多様化が進むと団体旅行は敬遠され、旅行のスタイルは「個」を基本とした形態になっていったのである[8]。

このように、今日、観光に対する顧客のニーズは多様化しており、伊豆地域に立地する宿泊施設を見ても、そのような状況の進展に直面して対応を模索しているという様子が聞き取り調査によって明らかとなった。

（2）宿泊客の人数規模の変化

前項（1）「観光に対する顧客ニーズの多様化」で触れたように、団体旅行ではなく「個」を基本とした旅行へのシフトという現象が全国的に見られるようになった。この現象は、宿泊客の人数規模にも影響を及ぼしている。

第1章および第2章でも既に述べたが、伊豆地域においても、地区あるいは個々の宿泊施設によって多少の差が存在するが、全体的な傾向としては、宿泊客の人数規模の主流が団体から少人数（個人客・グループ客・ファミリー客）へとシフトしている。また、団体客の人数規模も以前と比べると少ない人数規

---

(5) このことからも、伊豆地域の観光の活性化のために、宿泊施設の果たしうる役割は大きいと指摘することができよう。
(6) 「（1）観光に対する顧客ニーズの多様化」の記述の多くは、大澤［2010］の研究に基づいて展開している。
(7) マスツーリズムとは、大衆（マス）への旅行の普及とともに産業として営まれるようになる旅行という意味である（大澤［2010年］25〜26ページ）。
(8) 1990年代に国内の観光は低迷期を迎えたのだが、その理由についても、大澤［2010］は次のように指摘している。すなわち、低迷はバブルが弾けた後の経済不況によるものとして説明される場合が多いが、本当の理由は観光の質が大きく転換していることにあるのだと言う（大澤［2010］26ページ）。

模を「団体客」と呼ぶようになっていることが聞き取り調査によって確認できた。

（3）宿泊客数の減少

　宿泊客数についてはどうであろうか。ここで言う「宿泊客数」とは、旅館・ホテル・民宿などに宿泊した延べ人数のことである。第1章で示されている通り、静岡県全体としてのピークは1991年度（2,765万人）であり、それ以降はほぼ一貫して減少傾向が見られ、2009年度にはピーク時の6割強（62.3％）となる1,723万人となっている。

　伊豆地域においても、宿泊者数のピークは静岡県全体と同じく1991年度（1,993万人）である。その後、しばらくは減少が続いたものの、2002年度から2007年度にかけては静岡県全体とは若干異なる傾向が見られ、1,200万人台で推移するという下げ止まりが見られた。しかしながら、リーマン・ショックの影響による消費マインドの冷え込み（2008年）、新型インフルエンザの流行（2009年）、伊豆半島沖あるいは駿河湾を震源とする地震の発生などといったマイナス要因が重なり、再び宿泊客数は減少へと転じ、2009年度はピーク時の54％の1,076万人となった。この約20年間で、伊豆地域も宿泊客数を大きく減らしている状況であると言える。

　このように、近年においては宿泊者数の減少傾向が続いているわけだが、これは静岡県あるいは伊豆地域に特異なことではなく、全国的に見ても同様の傾向が現れている。国内宿泊観光旅行[9]の推移を見ると、国民1人当たりの旅行回数や宿泊数も1991年をピークに減少していること（国土交通省観光庁編［2009年］3ページ）、人口減・少子高齢化を背景に国内需要の地盤沈下に歯止めがかからないこと（上野［2009年］27ページ）、これらが宿泊客数の減少に寄与している要因であると言える。

（4）宿泊客に対する販売価格の低下傾向

　全国的に見られる傾向であり、また聞き取り調査から伊豆地域でも浮かび上がってきたのは、宿泊料金すなわち販売価格がかつてと比べて低下している、ということである（すべての宿泊施設においてではないが、多くにおいて）。この理由としては、以下の要因を指摘することができる。

　第一に、縮小する需要をめぐる競争の激化である。前項（3）「宿泊客数の減少」で示したように、伊豆地域での宿泊客数、そして国民一人当たりの旅行回数や宿泊数が減少傾向にあるため、伊豆地域全体で見ると宿泊施設の供給（客室供給量）が宿泊需要を上回っている可能性がある。(10)需給バランスにより販売価格が低下しうることを指摘できる。第二に、伊豆地域にも格安ホテルチェーンの進出が進んでおり、これらに対抗して価格競争に応じてしまうと必然的に販売価格は低下することとなる。

　第三に、インターネットの普及によってもたらされた予約方法（販売チャネル）の多様化も、販売価格の低下の一因と言える。インターネットを利用した集客方法に関する記述は第2章に詳しいが、これにより、宿泊客が容易に多くの宿泊施設の販売価格とサービス内容の情報を入手して比較検討することが可能となった。価格をめぐる交渉力という観点から考えてみると、買い手（＝宿泊客）に多様な選択先が生じたことによって宿泊施設に対する（潜在的な）交渉力が高まり、買い手が宿泊施設に対して（潜在的な）競争圧力を与えうる存在になったと言える。これに宿泊施設が応じて（コスト・リーダーシップを実(11)

---

(9) ここでいう国内宿泊観光旅行とは、観光・レクリエーションを主目的とするものを対象とし、出張・業務や帰省・知人訪問を主目的とするものは含まない（国土交通省観光庁編［2009年］3ページ）。

(10) 伊豆地域でなく静岡県についてのデータであるが、2010年の定員稼働率（収容定員に対する宿泊人数の割合）は31.2％であった（国土交通省観光庁編［2011年］153ページ）。上野［2009］によると、日本観光旅館連盟が発表した2009年度春季（3～5月）の旅館営業概況調査では旅館の定員稼働率（収容定員に対する宿泊人数の割合）は平均33.4％であり、全国的にも過剰供給と過少需要が常態化しているのではないかと彼は指摘している。

現したうえでの実施であるべきだが)、販売価格を下げて他の宿泊施設に対して価格競争力を保とうとすることは一つの方法としてありえる。

現在、上記の３点にいかに対処し、販売価格をめぐるいかなる考え方のもとに利益を確保していけばよいのかという課題に、多くの宿泊施設が直面している。

3・伊豆地域およびその宿泊施設に見られる特徴・

前節で宿泊施設を取り巻く経営環境の変化について示したが、それらの変化によってもたらされた経営課題への対応の巧拙(こうせつ)は、宿泊施設の存続・発展に対して大きな影響を及ぼすことになる。この点について検討していく必要があるが、その前に、ここではまず伊豆地域とそこに立地する宿泊施設が有する特徴について見ていくことにする。

(1) 多様な表情をもつ伊豆地域

伊豆地域を訪れたことのある人であれば想像できることだが、この地域の魅力を挙げるとしたら、「①気候、②自然：海・山・温泉、③利便性（首都圏、とりわけ、神奈川、東京からのアクセスのよさ）があること」[12]だと言えるだろう。あるいは、伊豆地域を「西伊豆」、「中伊豆」、「東伊豆」という三つの大きな区分に分けて捉えると、「西伊豆は荒々しさ」、「中伊豆は静けさ・せせらぎ」、「東伊豆はなだらかさ」というイメージで３地区の特徴を捉えることができる[13]。

西伊豆はまるでリアス式海岸のような美しい海岸線が続く景勝がゆえの開放的なイメージ、中伊豆は多くの文豪をも魅了した山間の川のせせらぎとそこに湧き出る温泉から感じられる静寂というイメージ、東伊豆は明るく健康的なイメージ、というのがその意味するところのようである。

伊豆地域には、趣きの異なる多種多様な温泉が随所に存在している。それに

西伊豆から見る富士山

加え、海、山、豊かな自然、海や山の幸、様々な景勝地、史跡、歴史に所縁の地などが至る所に存在するとともに、他地域からのアクセス方法も様々である。これらの観光資源の組み合わさり方の微妙な違いが、伊豆地域の各地区に多彩さをもたらしているのだと言えるのではないだろうか。いずれに立地するのかによって自然的・人文的な観光資源の要素が多少異なる伊豆地域は、地区ごとに多様な表情を見せていると言える。

---

(11) この記述は、Porter［1980］の提示した「五つの競争要因分析」の考え方に基づいている。五つの競争要因分析（＝ファイブ・フォース分析）について、詳しくは本章の注(3)で紹介した書籍を参照していただきたい。
(12) これは2008年10月7日に実施した聞き取り調査における、（株）サボテンパークアンドリゾート代表取締役社長（当時は取締役副社長）の菊地勉氏の発言である。菊地氏は伊豆地域のことを次のように評した。すなわち、「海があり、すぐに山も感じられる。何といっても温泉もある」とともに、気候面における魅力として「温暖な地である」こと、そして「神奈川・東京・静岡からの利便性」も魅力だと指摘している。
(13) これは2008年9月29日に実施した聞き取り調査における、伊東温泉旅館ホテル共同組合理事長の柴田昌彦氏の発言である。

（2）伊豆地域の各地区に立地する宿泊施設の特徴

　伊豆地域の多様で多彩な観光資源は、各地区に立地する宿泊施設が宿泊客に提供するサービスの構成の仕方にも影響を与えている。3区分（西伊豆・中伊豆・東伊豆）ごとにどのような傾向が見られるのか、聞き取り調査で得られた知見をもとに以下に例示していこう。

　西伊豆では、美しい海岸線に沿ってドライブを楽しむ観光客が多いが、ここでは土肥の例を取り上げることにする。海辺の明るさがあるという土肥を訪れる観光客は、90％以上が車での訪問である。それ以外には、修善寺からのバス、清水港からの駿河湾フェリーが訪れるための交通手段となっている。

　車で訪れる観光客について言えば、南からの客は宿泊せず、北から訪れる客が宿泊していくという傾向が見られるという。交通量は北からのほうが多くなっている。このため、北からの客が土肥に宿泊したくなるような取り組みを当地の宿泊施設は行っている。当たった企画については、旅館同士で話し合うこともあると言う。

　土肥は、かつては夏の海水浴客など団体客が中心であったが、第2節で述べたような経営環境の変化を受け新たな対応が必要となっていた。土肥より少し南に「恋人岬」があるが、ドライブでそこを目指すカップルが20～30万人いるという。これらのカップルを、少し北に立地する土肥に宿泊してもらいたいと考え、今日では多くの宿泊施設に取り入れられている貸切露天風呂や部屋付き露天風呂を備えた客室の改装にいち早く取り組んだところ、これが大ヒットした。今では、個人客やカップルが宿泊客の中心となっている。

　次に中伊豆だが、この地区には静粛さがあり、「小京都」、「文人の宿」といったイメージが一般的にもたれている。のんびりとした雰囲気、さらに言えば隠れ家的な雰囲気のあることがこの地区の醸し出している特徴である。このため、ここに立地する宿泊施設が顧客ニーズにこたえるためには、「プライベートの尊重」が鍵となっている。[14]これを軸とし、高級嗜好の個人客向けから（この地区には大規模施設は総じて少ないが）団体客向けまで、多種多様な展開の

多くのカップルが訪れる恋人岬

見られる宿泊施設がこの地区に存在している。

　最後に東伊豆は、首都圏から電車で乗り入れることができるというアクセスの利便性があり、かつてはマスツーリズムの受け皿としての役割を果たしえた規模の旅館が（熱海市や伊東市を中心に）複数存在している。このような宿泊施設の多くは、かつては団体客を相手とし、宴会需要を満たすというサービス提供が中心であったが、前節で述べたような経営環境の変化を受けて、既存施設を活かしつつ（あるいは施設の改装を適宜行って）、個人・グループ・ファミリーが中心となった宿泊客の多様なニーズにいかにこたえていくかと試行錯誤している。

　ここで、東伊豆のなかでも代表的な観光地の一つである熱海について取り上げることとする。熱海は、海も山もあるという景観に加え、新幹線も停まるというアクセスのよさがあり、温泉の質（塩分＝保温性）もよい所である。さらには、錦ヶ浦周辺からは海を前景とした熱海の夜景を楽しむこともできる。しかし、逆にハンディもある。箱根と比べると、自然がなく、温泉場らしい雰囲

---

⑭　これは、2008年11月20日に実施した、伊豆市役所・伊豆市観光協会に対する聞き取り調査において聞き取った内容である。

熱海のホテル群

気がないということである。

　こうした熱海の街だが、「徒歩で移動できる」、「コンパクトにまとまっている」、「歩きながら楽しめる」ことも特徴となっており、街の風情やノスタルジックな雰囲気、そして人柄や商店街といった「街」そのものを魅力に挙げている観光客もいる。街にある坂もまた魅力でないかと考え、街歩きを推進するための一助として市役所が街歩き用の地図を作成している。

　他方、熱海の宿泊施設のなかには、「(悪い) 坂が多く、街歩きをするのはきつい」という認識をもち、「宿泊客には、外出をせずに館内でゆったり静養できるようにしている。そのためには、雰囲気や部屋のしつらいが大事。古い建物であっても常にきれいに保ち、古さを感じさせないようにメンテナンスには気を付けている」宿泊施設もある。

　これらは、その地区の観光資源が宿泊施設の提供しようとするサービスの決定に何らかの影響を及ぼしていることを示しているわけだが、その決定には必ずしも画一的な方向性があるわけではないことを示唆していると言える。もちろんこれは、熱海地区に限らず伊豆地域の各地区においても言えることであり、それぞれの地区を特徴づける観光資源に影響を受けつつも、各宿泊施設には多様な特徴が存在しているということである。

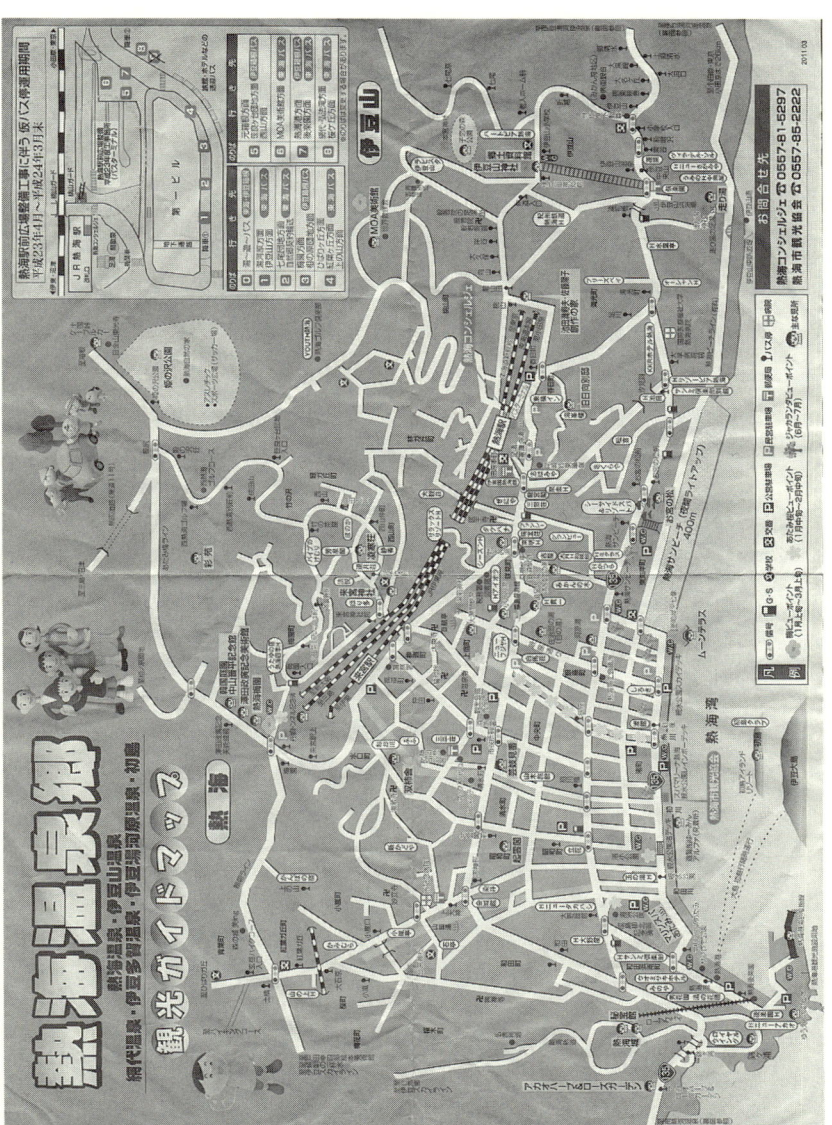

熱海温泉の観光ガイドマップ

4 ⊙ 経営環境の変化に対する伊豆の宿泊施設の対応とその課題

　ここでは、第2節で触れた伊豆地域の宿泊施設を取り巻く経営環境の変化に対して伊豆地域の宿泊施設がいかなる対応をとっているのかについて、聞き取り調査によって得られた実例を通して見ていきたい。

　伊豆の宿泊施設を取り巻く経営環境の変化として、①観光に対する顧客ニーズの多様化、②宿泊客の人数規模の変化、③宿泊客数の減少、④宿泊客に対する販売価格の低下傾向、という4点が指摘できると第2節で述べた。そして第3節では、伊豆地域を観光地として特徴づけている観光資源について、伊豆地域は様々な観光資源を豊かに有しているということ、それら観光資源の組み合わさり方の違いによって各地に多彩さがもたらされていることを指摘した。また、各地区の有する観光資源がその地区に立地する宿泊施設のサービス構成にも何らかの影響を与えているものの、各宿泊施設が提供しようと選択するサービスの構成のあり方には多様な展開があり、その地区のみに特有のサービスといった特徴のようなものはあまり目立たないと述べた。

　このためか、第2節で触れた経営環境の変化への対応については、その地区に立地していることから導き出された地区独自の対応というよりは、伊豆地域のみならず、他の観光地の宿泊施設においてもなされているような取り組みを展開している様子が聞き取り調査によって明らかになった。以下、経営環境の変化への対応としての取り組みについて記していこう。

①観光に対する顧客ニーズの多様化——顧客をデータベース化し（電話番号で検索できるようにする）、データの再活用（例えば、料理の好み、客室係を前回と同じにするなど）に利用するという取り組みが聞かれた。また、宿泊客から寄せられる独自の希望（例えば、記念日旅行であることへの配慮や料理の希望など）は予約時などに直接伝えられるケースが多いので、可能な範囲でこれに対応するようにしている。

宿泊施設による主体的な取り組みとしては、宿泊客が求めているであろう様々なプランをつくり、チラシやネットで発信するようにしているケースが多くあった。ホテル発の周辺観光バスツアーを、オプションとして低価格で提供する例も見られた。

②宿泊客の人数規模の変化——もともと団体客を対象としていた宿泊施設においてとりわけ影響が大きいと言える。例えば、「建物が団体客向けのサイズに造られており、今日では定員数の大きな部屋に少人数を泊めることが多くなっているため、大変だ」という声があった。その対応として、「料理＋施設（風呂、部屋）＋ヒト」の全体のバランスを取りながら利益が出せるように工夫しているという例があった。団体客用の広い客室や宴会場を改装して、客室単価を高く設定することができ、かつ回転率もよい（需要がある）露天風呂付の客室にするという取り組みも見られた。[15]

　また、伊豆地域での取り組み例は少ないものの、インバウンド（訪日外国人）の誘客のために宿泊施設独自の取り組みを展開して、大きな人数規模の需要を確保しようとしている例も見られた。[16]

---

[15] 伊豆地域ではないが、改築による対応を取っている例もある。かつては団体客を中心に人気を得ていた長野県松本市の扉温泉に立地する老舗温泉旅館「明神館」であるが、ターゲットを団体から個人対応にシフトすることを強く求めた明神館専務取締役の齊藤忠政氏の指揮のもとで行われた5回目の改築を終え、2003年に現在の姿になった。この改築は、「10年ほど前にはまだ団体客をつかんでいましたが、これからも団体客を取り込んでいけるのか、先の読めない状況でした。ホテル・旅館業では、家族や小グループへとシフトする旅行形態に対応できない宿泊施設は経営が立ち行かなくなっていました」という齊藤氏の強い危機感のもとに進められたものである。改築によって新館を建てたが、この客室は45室（定員100人）とし、うち15室にはそれぞれ雰囲気の異なる癒し風呂を設けた。また、館内にタイプの異なる三つのレストランを設け、地元の食材をメインに使った地産地消の懐石料理、モダン和食、フレンチを提供するようにしたという（『月刊レジャー産業資料』2009年11月号、28〜29ページ）。

[16] 大きな人数規模の需要を確保しようとする取り組みの例として、伊豆地域ではなく鳥羽での取り組みであるが、修学旅行生を誘致するようになったという例もある。修学旅行客は一人当たりの単価が低い（1泊2食で7,500円〜10,000円）ため、もともと鳥羽では積極的に獲得していなかったのだが、一部屋当たりの宿泊者数一定の状態を保つために誘致に取り組むようになったという（浅利・石橋・野方・大脇・朴［2007年］90ページ）。

③宿泊客数の減少──従来型の集客方法だけでなく、例えばインターネット旅行業者なども利用するなど、集客媒体の多様化を図るケースが多い。また、客室の何部屋分かについては保養施設として利用させる契約を自治体などと結び、保養客を受け入れるという例も見られた。あるいは、集客を高めるためには「ウリ」になるものを磨く必要があるとして、食事に力を入れたり、接客・サービスが「ウリ」なので定期的に外部講師を呼んで接客訓練を行うなどといった取り組みも見られた[17]。それから、特別プランで値下げするという例もあった[18]。

④宿泊客に対する販売価格（宿泊料金）の低下──宿泊料金以外の館内消費を増やす取り組みが行われていた。例えば、館内の土産店の面積を増やす、別途追加料金を受け取ることのできる一品料理を増やすなどといった試みのほか、ブライダルに力を入れるという指摘もあった。また、低価格で宿泊を提供できるための仕組みを構築したり、これとは対照的に、宿泊客が納得できるような付加価値をつけて高価格路線を維持するといった対応も示された。

　これらの各対応を一般化して捉え、その実現のための課題を提示するならば、以下のようになると考えている。

「①観光に対する顧客ニーズの多様化」に対応するためには、宿泊客が宿泊施設に対して何を期待しているのか把握する必要があるわけだが、そのためには、お客の目線に立って考えてみる必要がある。相手に対する思いやり、すなわち「ホスピタリティ」、言い換えれば「おもてなしの心」が重要な役割を果たす。「ホスピタリティ」、「おもてなしの心」に基づいた洞察によって、多様なニーズにこたえるために取り得る多様な対応が推察できる。これらの対応案に関して、どの程度まで行き届いた心配りを行うことができるのか、あるいは柔軟な対応をどの程度までとることにするか、これらを決めるのは各宿泊施設であるため、それぞれの結論は異なったものになる。

「②宿泊客の人数規模の変化」、「③宿泊客数の減少」、「④販売価格（宿泊料金）の低下」への対応については、利益を生み出すための運営力がポイントとなると言える。宿泊客の獲得競争が激化しており、定員稼働率あるいは販売価

格低下の傾向も見られることから利益率も低下しがちな状況だが、だからこそ自社の提供するサービスに何らかの価値を見いだし適正な対価を支払う顧客を獲得するために、宿泊施設のウリをしっかり磨く必要性がいっそう高まっている。そのうえで、コスト意識をもち、宿泊施設が得られる収入と必要とされるコストとのバランス感覚を磨く必要性も高まっていると言える。多様な取り組みを展開することで収益源の多様化を図ろうとするのであれば、なおさらである[19]。

このため、運営面で効率化を図ったとしても宿泊客が得る満足に差し障りがない（あるいは、差し障りが少ない）点については、それを見極め、オペレーションの効率化を図るなどして経営資源の配分にメリハリをつけていくという采配が求められる。

以上で述べてきたような経営環境の変化への対応についての巧拙（こうせつ）は、宿泊施設の存続・発展に対して影響を及ぼすものであると言える。ただし、この第4節の冒頭でも述べたように、これらは「伊豆地域のみならず、他の観光地の宿泊施設においてもなされているような取り組み」である。宿泊客に当該宿泊施設が宿泊先として選ばれるためには「決め手」が必要であり、そのためには第1節で述べたように、その宿泊施設ならではの何らかの独自の魅力を提供することが求められていると言える。次節では、このことに関して述べていくことにする。

---

[17] これらは、「感性価値」（眞崎［2010年］35ページ）を高めるための取り組みの一例であると理解することができよう。「感性価値」については、第5節（3）も参照されたい。

[18] ただし、こうして単価を下げると集客はアップするが総売上は落ちるということだった。第2節（4）でも述べたように、コスト面での裏打ちがないのであれば、これは好ましい方法ではないと筆者は考える。

[19] 宿泊施設の倒産が、近年、数多く見受けられる。その理由は多様であろうが、一因としてコスト意識の不足を挙げることは可能であろう。倒産した宿泊施設から学べることについては、松井［2011］の指摘を参照されたい。

5 ⊙ 伊豆地域の宿泊施設の成すべき取り組み──戦略面に関する考え方を焦点に

「その宿泊施設ならではの何らかの独自の魅力」とは、何によって構成されるものであろう。そもそも「魅力」とは、『広辞苑』によれば「人の心をひきつける力」のことである。宿泊施設において、人（宿泊客）の心をひきつける力の源泉たりえるものは何か。それは、宿泊施設の提供している施設およびサービスそのものであると言えるのではないだろうか。ここでは、これについて考えてみたい。

（1）宿泊客に「価値」を提供する

　施設およびサービスを通して、宿泊施設は宿泊客に何を提供しているのか。機能的な面でいうと、それは「泊まりを伴う生活に関わるもの・こと」である。これを受け手である宿泊客の側から見てみると、客室や各種館内施設といった居住空間の提供を通して、「安全性」、「快適性」、「利便性」、「休息」、「くつろぎ」などといった機能を受け取ることを意味する。また、サービスについて言えば、食事の提供によってお腹を満たし、布団の上げ下ろしや行き届いた掃除の提供によって家事からの解放という機能を受け取り、宿泊施設が主催する何らかの体験企画に参加するのであれば、その体験という機能を受け取ることと言える。

　宿泊客は、これら受け取るものに対して主観的な意味づけをなし得る存在である。居住空間とは「時間を過ごすための空間・舞台」であり、宿泊施設はどのような空間・舞台を提供しているのか、すなわちその居住空間を通してどのような時間の過ごし方ができそうなのかを自分なりに評価し意味づけている（例えば、隠れ家的な空間、まるで第二の自宅であるようにくつろげる場所、家族で過ごすことのできる明るく健康的なリゾート、など）。また、提供されるサービスに対してもその意味づけをしている。

そして、その宿泊施設に泊まるならば結局どのような「経験」が居住空間およびサービスを通して得られるのか、評価し意味づけをしている。この時、お客が「意味がある」と認識すれば、それはすなわち、その宿泊施設がその宿泊客に対して「価値」を提供している存在であるということになる。つまり、宿泊施設が施設およびサービスを通して宿泊客に対して「価値」（これは宿泊客の主観によって認識されるものである）を提供しているのであれば、その「価値」が「その宿泊施設ならではの独自の魅力」の一側面を構成していると言えるわけである。

（2）コンセプトを明確化し、他の宿泊施設との違いを打ち出す

　宿泊客に「価値」を提供するためにはどうすればよいのだろうか。顧客のニーズが多様化している今日においては、すべての宿泊客が求める価値を満遍なく宿泊施設が提供することは、経営資源が限られているなかでは不可能に近い。このため、「誰に対し」、「何（＝どのような価値）を提供するか」というコンセプトを明確化することがまずは必要となる。

　そのためにも、自らのもつ経営資源を分析し、自社の強みと弱みを認識することが重要となる。また、自らを取り巻く経営環境の分析（顧客の分析、市場の分析、他の宿泊施設の分析）を通して、そこからもたらされる機会と脅威を明らかにする[20]。これらの総合的な観点から、自社の強みを発揮することができ、かつ競争相手との違いを打ち出すためにはどのようなポジションを取ることが最も望ましいのか検討を重ね、コンセプトとしてまとめ上げていくという取り組みが必要となる。

　コンセプトを明確に定めたら、宿泊施設が施設およびサービスを通じて宿泊

---

[20] この記述は、競争戦略論の「SWOT 分析」をベースとしている。SWOT とは、自社のもつ強み（Strength）と弱み（Weaknesses）、外部環境要因によってもたらされる機会（Opportunities）と脅威（Threats）を包括的に勘案して、弱みを補い脅威を回避しつつ、機会と強みを生かした戦略を描くことで、競争優位の実現を図ろうとする考え方である。

客に提供しようとする「もの・こと」が、それぞれ「コンセプトを具現化した表れ」になるように方向性を合わせていくことが大切となる。

　コンセプトを明確化することによって、宿泊施設側からすればウリ(第4節参照)が焦点化でき、限られた経営資源を効果的に投入することでそのウリをいっそう磨きやすくなるというメリットが生じる。コンセプトを背後にもつことによって、ウリがぶれることなく、施設やサービスを通じて重層的に積み重なって宿泊客に強くアピールすることができれば、他の宿泊施設との違いを宿泊客に意識させることも可能となる。その違いが宿泊客にとって価値のあるものであれば、これはまさに、その宿泊施設ならではの「独自の魅力」となる。

　さらに言えば、伊豆地域は前述の通り、豊かな観光資源に恵まれている地域である。各宿泊施設のコンセプトに基づき、「伊豆地域ならではの」という要素も加味して施設とサービスのトータルを通じて巧みに価値をつくって宿泊客に提供することができれば、よりいっそう「独自の魅力」に磨きをかけられるのではないだろうか。

(3) 伊豆の魅力を取り込む――むすびに代えて

　伊豆地域は、「そこに行かなければ体験できない風景や自然環境、そして自然の恵みである温泉、地域で育まれた農産物などによる地産地消の食事などに豊かに恵まれている。これらは、地域の文化や人々の暮らしそのもののなかに内在し、「土地のチカラ」となっている。観光客は、「土地のチカラ」に癒され感動することで、またそこへ行きたくなるのである。[21]

　伊豆地域は、こうした「土地のチカラ」をもたらす観光資源に豊かに恵まれている地域である。豊かであるにも関わらず、それをうまくアピールできていないという声が聞き取り調査では数多く聞かれた。あるいは、「豊かにありすぎるからこそ特色がないものになっている。ゆえに、何をアピールするかを考える必要がある」という声もあった。だからこそ、本節(2)「コンセプトを明確化し、他の宿泊施設との違いを打ち出す」で述べたコンセプトを明確化す

るという取り組みが伊豆地域においてはより重要であると言えるかもしれない。

　「土地のチカラ」は、「感性価値」に訴求するものであると言えるのではないか。ここで言う「感性価値」とは、生活者の感性に働きかけ、「感動」や「共感」を得ることによって顕在化する価値のことである。観光市場（ホテル・旅館、レストラン）における「感性価値」のウェイトは大きく、商品価値全体の6～7割を占めているという。また、消費者は感性価値に対する支払い意思があり、共感・感動できるサービスにはもっとお金を払ってもいいと思っているという。[22]

　この「感性価値」に訴求することを意識して「伊豆ならではの」という要素を何らかの形で取り入れつつ、コンセプトを練り上げることが伊豆地域の宿泊施設の成すべき取り組みであると言えるのではないだろうか。

---

[21] (株)石井建築事務所（東京）／創景研究所［2009］26～27ページを参考にして記述。
[22] 眞崎昭彦［2010］「『感性価値』からみた観光市場とその活性化」〈月刊レジャー産業資料〉2010年6月号、32～35ページ。

コラム **歴史から見た伊豆――頼朝と政子**

段間遺跡

伊豆地域というと温泉が豊かで風光明媚な観光地というイメージが強いが、歴史を巡る舞台としても有名な所である。古くから海上交通の要衝としての役割を果たしており、その形跡は河津町にある「段間遺跡」からもうかがうことができる。

段間遺跡は、縄文時代早期から中期にかけての集落跡で、ここから石器を製作するための黒曜石原石が多数出土している。興味深いのは、この黒曜石原石の産地である。日本各地にあった産地の一つとして伊豆半島には天城山系の柏峠に産地が存在していたのだが、段間遺跡からは約60km離れた神津島産と見られる黒曜石原石が出土しているのである。このことから、古くから海を越えた物流が存在していたことに思いを馳せることができよう。

時代が下がり、平安時代には弘法大師（774～835）が伊豆を訪れ、807年に修禅寺を開いた。このとき、桂川の冷水で病気の父を洗う少年の姿に心打たれた弘法大師が、仏具の独鈷で川の岩を打って霊湯を湧出させ、温泉療法を伝授したという伝説が残っている。この時の霊湯が、現在修善寺にある「独鈷の湯」である（36ページの写真参照）。

源平の盛衰に関わる人々にまつわる様々なエピソードもまた、この伊豆地域においてひもとくことができるほか、日蓮上人（1222～1282）の説いた『立正安国論』が鎌倉幕府の怒りに触れ伊豆に流刑となり、伊東市富戸の沖合にある俎岩に置き去りにされたこともあった。のちに身延山久遠寺を開いた日蓮であるが、このような所縁から伊東には日蓮上人に由来する霊場が多く残っている。

江戸時代末期には、ペリー（1794～1858）が来航したことによって下田港が開港された。日露和親条約の調印や日米和親条約の批准書の交換が行われたのは、下田にある長楽寺である。
　これらのことは、歴史の舞台としての伊豆のエピソードの一部にすぎない。知れば知るほど歴史的なエピソードが満載の伊豆地域であるが、そのなかでも伊豆との関わりで特に有名である源頼朝（1147～1199）と北条政子（1157～1225）について詳しく紹介しよう。
　源頼朝は1147年、源氏の嫡流である源義朝を父として誕生した。1159年に平治の乱が起こって頼朝は初陣を果たすが、戦いは敗北に終わり、頼朝は平氏に捕えられ京都に送られた。平清盛の継母である池禅尼の助命嘆願によって一命をとりとめ、伊豆の蛭ケ小島に流されることとなり、伊東祐親（生誕不詳）、北条時政（1138～1215）らの監視のもとで流人生活を送ることとなった。蛭ケ小島は現在の伊豆の国市（旧韮山町）にあり、当時は狩野川の中州のような蛭の多い湿地帯であったという。現在は、韮山中学の西400mの田園地帯に「蛭ケ小島跡」であることを示す小さな碑が建っている。
　頼朝の流人としての生活は約20年に及んだが、源氏の御曹司であるということもあり監視の目も緩やかで、実際には比較的自由な生活を送っていたという。そして、やがて青年となった頼朝が恋した相手が北条政子であった。政子は、北条時政の長女として1157年に伊豆の北条（旧韮山町）で生まれた。北条氏の邸宅である北条館は、頼朝が流された蛭ケ小島の近くにあったようだが、現在の成福寺（伊豆の国市）の境内を含む広大な敷地を有していたという。
　2人は伊豆山神社（熱海市）の境内で恋を語らったと言う。伊豆山神

伊豆山神社

腰掛石　　　　　　　　　　逢初橋（太鼓橋）

　社は古来「伊豆山大権現」あるいは「走湯大権現」とも称され、頼朝は伊豆山権現の別当院である密厳院の院主、阿闍梨覚淵に師事していた。伊豆山神社を二人が忍び逢いの場として選んだのは、そのような縁もあってのことであろう。
　伊豆山神社の境内には、「頼朝・政子腰掛石」と称される石が今も残っている。また、境内にある御神木の梛の木の葉を政子は鏡の下に敷き、頼朝との愛を祈ったという。現在は、縁結びのお守りとして「梛の葉守」が神社より授けられている。
　やがて、二人が恋仲であることを知った政子の父は、平氏の目を恐れ、伊豆国の目代である山木判官平兼隆に政子を嫁がせようとする。政子はこの縁談を嫌い、婚礼の夜に宴席を抜け出して頼朝のもとに走った。この日、頼朝は伊豆山密厳院の覚淵の坊におり、政子は伊豆山に逃れた。知らせを受けた頼朝と政子が劇的な対面をしたのが、伊豆山神社近くにある「逢初橋」であると言われている。
　一般的には、逢初橋は国道135号線にかかる朱色の橋がそれとされているが、本当の逢初橋は御嶽社の森にかかる橋で、現在この橋は「太鼓橋」と呼ばれている。こうして、政子の父である時政は、結局、二人の結婚を許すことになったのである。
　このように、様々な歴史的エピソードをひもときながら、今日に残る所縁の地を訪ねるのも伊豆地域をめぐる楽しみ方の一つであると言える。

第4章

太田　隆之

伊豆地域の広域観光
──伊豆観光圏の展開と課題

下田市のペリーロード

1 ◉ 広域観光への注目

　第1章でも述べられたように、観光が経済成長、地域活性化の手段として再び注目されている。温泉観光地を中心として観光地が停滞・衰退しつつあるなかで、観光振興は「観光地の再生」という期待も混じりながら再び注目を集め始めている。

　現在、観光振興において主流の取り組みとして位置づけられつつあるのが、主体間や地域間の連携に基づいた広域観光である。次節の「（1）広域観光振興をめぐる昨今の動向」で述べるように、2008年に観光庁により「観光圏制度」が実施されて以降、これまでに48地域が観光圏として認定されている（図4-1参照）。政府は広域観光を軸の一つに据えて観光振興を図ろうとしており、地域もこの取り組みに関心と期待を寄せながら地域活性化の実現を模索している。

　このように現在注目されている広域観光であるが、これをめぐってこれまでに国内でなされた議論を見ると、その多くが事例紹介に留まっており、その課題や連携をめぐる議論が十分に蓄積されているとは言えない。今後、連携に基づいた広域観光が本格化していくなかで様々な課題が出てくることが予想されるが、それらに対応しうるだけの議論が乏しい状況である。他方、欧米では、早くから連携に基づいた広域観光が注目されて議論が展開されており、知見が蓄積されている。

　そこで本章では、連携に基づいた広域観光をテーマにすえ、欧米の議論の蓄積を利用しながら事例研究を通じて、広域観光を推進するうえでの課題やその克服の方向性について論ずる。本章が注目するのは、静岡県伊東市、下田市、東伊豆町、南伊豆町、河津町で構成された伊豆観光圏である。日本を代表的する観光地で形成された観光圏がどういう取り組みを行い、どういう課題に直面しているのかを明らかにしながら、その克服に向けての方向性を検討することは、各地での広域観光の今後の取り組みに示唆を与えるものと考える。

第4章　伊豆地域の広域観光　107

図4-1　観光圏整備実施計画（48地域）

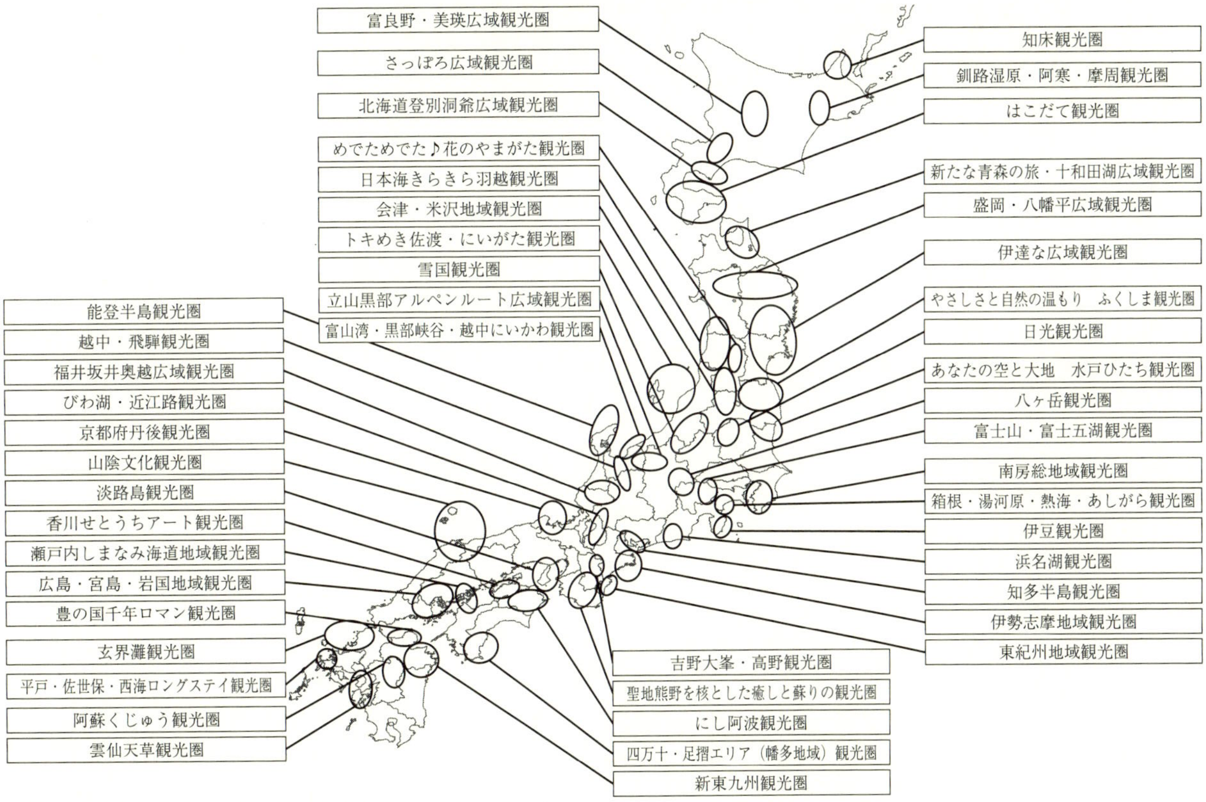

- 富良野・美瑛広域観光圏
- さっぽろ広域観光圏
- 北海道登別洞爺広域観光圏
- めでたおでた花のやまがた観光圏
- 日本海きらら羽越観光圏
- 会津・米沢地域観光圏
- トキめき佐渡・にいがた観光圏
- 雪国観光圏
- 立山黒部アルペンルート広域観光圏
- 富山湾・黒部峡谷・越中にいかわ観光圏
- 知床観光圏
- 釧路湿原・阿寒・摩周観光圏
- はこだて観光圏
- 新たな青森の旅・十和田湖広域観光圏
- 盛岡・八幡平広域観光圏
- 伊達な広域観光圏
- やまことと自然の温もり　ふくしま観光圏
- 日光観光圏
- あなたの空と大地　水戸内ひたち観光圏
- 八ヶ岳観光圏
- 富士山・富士五湖観光圏
- 南房総地域観光圏
- 箱根・湯河原・熱海・あしがら観光圏
- 伊豆観光圏
- 浜名湖観光圏
- 知多半島地域観光圏
- 伊勢志摩地域観光圏
- 東紀州地域観光圏
- 吉野大峯・高野観光圏
- 聖地熊野を核とした癒しと蘇りの観光圏
- にし阿波観光圏
- 四万十・足摺エリア（備多地域）観光圏
- 新東九州観光圏
- 能登半島観光圏
- 越中・飛騨観光圏
- 福井坂井奥越広域観光圏
- びわ湖・近江路観光圏
- 京都府丹後観光圏
- 山陰文化観光圏
- 淡路島観光圏
- 香川せとうちアート観光圏
- 瀬戸内しまなみ海道地域観光圏
- 広島・宮島・岩国地域観光圏
- 豊の国千年ロマン観光圏
- 玄界灘観光圏
- 平戸・佐世保・西海ロングステイ観光圏
- 阿蘇くじゅう観光圏
- 雲仙天草観光圏

（平成23年4月1日現在）国土交通省観光庁ホームページより。

2⦿観光振興における広域観光と連携

（1）広域観光振興をめぐる昨今の動向

　ここでは、後半で主体間の連携の基づいた広域観光に関する議論を展開していくために、主に国内における広域観光の取り組みの経緯やそれらをめぐる議論を振り返りながら、広域観光の目的や狙い、またそれが求められている理由を確認していく。

　まず、観光振興をめぐる近年の国の取り組みの経緯を振り返る。2003年、政府は「観光立国」を掲げ、訪日外国人観光客の増加と国内観光の活性化を目標として設定した。経済のグローバル化が進展して観光分野におけるグローバルな規模での競争が認められるなかで、地域間競争、都市間競争に勝って国内経済の成長を推進するとともに地域活性化を図る手段の一つとして広域観光振興を位置づけた。以下、その内容を具体的に見ていく。

　目標達成の方策として政府は広域観光を一つの手段として掲げた。「観光立国」を実現するための基礎的戦略を提示した2004年の『観光立国推進戦略会議報告書』では、今後の国内の観光地では、一度訪れたら2～3週間は滞在したくなるような面的広がりと、重層的な魅力を備えた「面的観光地」が必要であることが示された。これを実現する方法が主体間の連携とされている。

　2003年の『観光立国懇談会報告書』では、国と地方、そして民間の連携が必要であることが掲げられていたが、2004年の報告書では、自治体や観光関連産業、NPOや地域住民といった地域の関係者が連携し、パートナーシップの確立やネットワークを強化するなどの取り組みを行いながら「面的観光地」の整備に取り組むことが必要とされると述べられており、より具体的に連携の内容が示された。これらの報告書の提言を経て、2007年に施行された「観光立国推進基本法」では、観光立国を実現するためには関係者相互の連携を確保する必要があることが盛り込まれた。

2008年には、「面的観光地」を地域で実現するための制度である「観光圏制度」が設立された（観光庁ホームページ「観光圏整備法」）。この制度は、訪日外国人観光客の増加とその受け皿としての観光地整備、そして宿泊が停滞する国内観光における滞在型観光の振興とそれに基づいた地域経済の活性化を目的としており、観光地を相互にかつ戦略的に連携させて、2泊3日以上の滞在型の観光エリアを国内に形成すべく制定された。

観光圏は次の手順を踏んで認定を受ける。まず、地方自治体だけではなく観光協会や諸種組合、NPOなども参加することが可能な協議会を設立する。そして、ここで整備計画を協議して立案し、申請する。認定を受ければ、国から広域観光振興に関する支援が受けられることになっている。

観光圏制度の主たる特徴の一つに、旅行業法の特例が認められた点がある。観光圏に認定されると、圏域内限定の観光商品を域内の宿泊業者が代理販売することが可能になった。すなわち、観光圏に認定された地域は独自に観光商品を開発・販売することができるのである。こうした内容を有する観光圏制度は地域から注目を集め、前述したように、2011年度までに全国で48地域が観光圏に認定されている。このうち静岡県では、県内の市町村が参加する観光圏として、「浜名湖観光圏」、「伊豆観光圏」、「箱根・湯河原・熱海・あしがら観光圏」の3か所が認定されている。

2011年度には「観光地域づくりプラットフォーム支援事業」が実施された。これは、観光圏において様々な滞在型観光の取り組みを推進し、窓口機能などを担う「観光地域づくりプラットフォーム」の形成を促進しつつ、着地型旅行商品の企画・販売、人材育成などを行う取り組みを支援するという事業である。初年度にあたる2011年度は、プラットフォームの立ち上げに関わる経費補助などの事業が実施されており、全国で25の観光圏が認定された（観光庁ホームページ「観光地域づくりプラットフォーム支援事業」）。

このように、「観光立国」を掲げた政府による観光振興は、主体間・地域間の連携に基づいた「面的観光」、すなわち広域観光を一つの主要な手段として位置づけて観光振興を図り、「観光立国」の目標を達成しようとしている。

こうした制度が国レベルで整備されるなかで、地域でも連携に基づいた広域観光の取り組みが起こりつつある。そのなかには、既に観光商品の開発と販売を行う事例も出てきている。

岩手県における産官学連携に基づいた広域観光振興の取り組みでは、三陸鉄道を活用した旅行商品の開発や販売にまで至った事例が報告されており（宮井・大志田 [2009]）、三重県伊勢市においては観光活性化の取り組みのための協議会を「プラットフォーム」に見立て、この協議会への地域主体の参加状況の変化や役割・機能の変化が報告されている（高田・原田・小阪 [2010]）。

これらは広域観光に取り組む事例の一部にすぎないが、岩手の事例を含め、観光庁が認定する「観光圏」とは別に、独自に連携を図りながら広域観光振興に取り組む事例も出てきている[1]。観光圏の取り組みを含めると、地域において連携に基づいた広域観光への取り組みが本格化しつつある。

（2）連携に基づいた広域観光が求められる理由

各地域での取り組みを成功させるために、改めて連携に基づいた広域観光が求められる理由を確認しよう。まず、広域観光が必要とされる理由について述べる。

広域観光が必要とされる理由の第一は、昨今観光の分野でグローバルな競争が展開されるなかで人々の価値観が多様化し、観光に対するニーズが従来と大きく変わってきていることである。こうした状況に対して、本書の筆者の一人である野方宏は、観光サービスを供給する側は新しい観光資源の開発が必要になり、観光の「イノベーション」が必要となることを指摘している。また、これを図るうえでの一つの方策が、一定の範囲において複数の観光資源がある広域観光であると述べている（野方 [2011]）。前述したように、観光をめぐる国際的な動向や現状を念頭に置いた時、現在、広域観光は観光振興を図るうえにおいて重要な一つの手段となっていると言えよう。

第二の理由は、観光地が一定程度の繁栄を維持するためには複数の観光資源

が必要となることである。この理由は、観光をめぐる議論でよく取り上げられる「観光地のライフサイクル仮説」に基づいて説明できる。観光地における観光資源の一つ一つはライフサイクルを経験しうるが、観光資源が複数あることで観光地全体に一定程度の観光客が維持され、観光地が維持または発展する（Butler［1980］、井上［2010］）。この時、広域観光は、一定の観光地が複数の観光資源を有することに寄与する方策となる。

以上が、広域観光が必要とされる理由である。ただし、広域観光を推進する際は地域間・主体間の連携が必要とされる。なぜ、連携が必要になるのであろうか。以下で、その理由を述べる。

第一に、観光そのものの特徴による。まず、観光の産業的な側面として広く地域の産業を包含していることが挙げられている（土居他［2009］）。このことは、産業としての観光は総合的な特徴をもつことを意味しており、観光振興のための地域づくりを進めるうえで地域のなかの多くの主体が関与しうることを示唆している。そして、こうした観光の特徴は、人々に提示する観光商品のあり方も規定することとなる。

観光商品には、多様な効用と目的が含まれる。したがって、観光商品の開発には複数の主体が関わりうることになる。さらに、こうした観光商品に基づいたインバウンド・ツーリズムを地域で推進するとなると、観光地全体をまとめなければならない（以上、河村［2008］）。すなわち、多くの主体が関与する性質を有しているのが観光であるだけに、広域観光も当然複数の主体によって推進されるべき特徴があるということである。

実際、観光振興を図るうえで主体間が連携をしないと観光地が「劣化」することを懸念する指摘もある。古本泰之（杏林大学准教授）は、伊東市の伊豆高原地域で美術施設が集積する事例に注目した。この地域のように美術施設が集積して観光資源として認められると、従来の美術施設や新規に参入する美術施設が、地域の状況に関係がなかったり、問題意識をもたない美術施設や展示が

---

(1) 一例として、秋山・海口［2009］、湯澤［2011］を参照。

乱立してしまうことで地域自体の俗化や雑駁化が生ずる可能性があることを指摘している（古本［2009］）。これは、地域のなかで美術施設間の連携した活動などがないまま集積が進むと、観光資源の「劣化」と言える事態が生ずることを意味している。

第二の理由は、地域が相互補完的な関係に基づいて連携すれば、相互に「win—win」の関係になりうることである。単一の地域では十分な観光振興を図ったり、観光客を受け入れる体制を整えることが困難な場合が生じる。こうした場合に広域的に連携することで、効果的に観光振興や観光客の受け入れ体制の整備が可能になる（清水［1999］）。

これに関連して、代表的な観光地が近隣の地域と一緒になって広域的に観光振興に取り組めば、代表的な観光地が引き寄せる観光客を近隣の地域へ導くことができ、地域全体が観光地として発展する可能性が生まれ、観光振興の効果がより広がることが期待される（溝尾［1999］）。逆に、代表的な観光地から考えると、近隣地域に潜在的な観光資源がある場合は、これを利用することで追加的な観光資源にもなることから各地域に便益がもたらされることになる。

以上、広域観光が必要とされる理由、そして広域観光を推進するうえで連携が必要とされる理由である。ここで整理した理由を吟味すると、観光をめぐる国際的な動向を背景として、観光の分野でも従来の取り組みとは異なる新しい取り組みや努力が必要とされていることが分かる。

本節では、これまで国内で行われてきた広域観光の取り組みの経緯や議論を振り返りながら今後の動向を概観した。観光庁は、経済のグローバル化が進展するなかで観光分野でも国際的な競争がなされ、この競争に勝って経済成長と地域活性化を実現するために、広域的な地域を一つの核にして対応しようとしている。そして、地域レベルでも広域観光の取り組みが認められるようになった。

こうした取り組みは、これまでになかった新しい観光振興の取り組みであり、観光分野でもイノベーションが必要とされていることを示唆するものである。そもそも観光は、総合的な性格を有するとともに観光客の受け入れ態勢が十分でない地域があったりするため、観光振興に関わる資源を共有しながら連携す

ることが必要となる。

　このように、昨今、広域観光による観光振興が必要とされ、主体間や地域間の連携が求められている。こうしたニーズがあるなかで、広域観光を推進するうえでの課題やそれに対応する議論がどのように展開されてきているかについては次節で記していくことにする。

3 ⦿「観光組織」論[3]

　前節において、これまでの国内における広域観光の取り組みをいくつか紹介した。連携をベースとした広域観光振興の取り組みが本格的に始まったのはごく最近であり、国内では事例紹介が中心で、まだ連携に基づいた広域観光をめぐる議論が十分に蓄積されていない。

　他方、欧米を中心に、海外では早くから観光振興を図るうえでの主体間の連携が課題として位置づけられて議論されてきた。というのも、観光振興を図るうえで、利害を有する主体が連携し、時に観光振興を目的とする「観光組織」を形成することが観光をめぐる競争においては優位性をもたらすということが早くから共通に理解されていたからである（Kotler et al. [1993]）。そして、政府や観光関連産業の主体が財政的な制約を抱えており、地域の収入源として観光が重要であることが認識されつつあったことも指摘されている（Selin and Chavez [1994]）。

　海外の議論で主要な論点になったのは、観光振興において連携を図るうえで障害になることは何か、連携をすることのメリットは何か、連携の推進要因は何か、といったことである。こうした論点をめぐって社会学や地理学、経営学

---

(2) こうした事態に対し、古本は事例で生じた「コミュニティ」や美術施設の集積に対する「規範」に注目している。「コミュニティ」が形成されたり、「規範」が創出される背景には、当然主体間の連携が必要となろう。
(3) 本節のより詳細な議論を拙稿 [2012] で展開しているので、そちらも参照されたい。

などの様々な視点から事例検証が行われてきた。

　これらの検証から得られた知見は、観光振興における連携を図ることで生ずる潜在的な便益をまとめた**表4－1**と、連携を図る際の潜在的な障害をまとめている**表4－2**によって表される（Bramwell and Lane [2000]）。この二つの表には多くの事項や論点が含まれており、潜在的な便益、障害ともに包括的に提示されていることが分かる。

　表4－1を見ると、例えば④や⑨といった項目は観光振興を担う主体間の信頼に関わるものであることが分かる。このような信頼の要素を含んだ連携による潜在的な便益についてブラムウェルとレインは、観光振興を図るうえでの経営上の効率性や公平性の改善につながり、協働することによって優位性がより高まると述べている。

　表4－2においても、⑤に信頼に関わる項目が含まれている。また、連携を阻む障害の一つとして、業務や空間的領域における「なわばりの保護」が挙がっている（①や⑬）。これ以外にも、フリーライダーに関わる項目（⑧）がある。こうした障害については、協働やパートナーシップは自動的にうまくいくものではなく、時に主体間・組織間の力関係などが影響する複雑なものとなることから、政府がうまく連携を図るための調査を行ったり、そのための養成を図るなど、一定程度の役割を果たすことが必要となることを示唆している。

　二つの表は、主体間、組織間、地域間が協力して広域観光を図ることの便益、協力するにあたっての障害、協力段階をめぐる議論の到達点を中心に整理されている。海外では、こうした議論がグローバリゼーションの進展する昨今の状況において今なお重要なテーマとなっている。(4)それぞれの表でまとめられた知見は、これまでに触れてきた国内の議論の成果や取り組みからの示唆とも重なる点が散見されるが、残念ながら、国内の研究ではこうした議論の蓄積が十分に活用されていない。

　海外の議論は、観光振興における連携が重要なテーマになっている昨今の日本の状況においては非常に示唆に富むものである。本章では、広域観光の事例を検証する際に、ここで提示された知見を活用していくことにする。

表4－1　観光の企画・立案をする際に協働やパートナーシップを図ることで生ずる潜在的便益

①一定程度、利害関係者が関与することが望ましい。ここでいう利害関係者とは、すべて観光の発展に関わる多様な争点により影響を受ける者であり、変化や改善を取り入れることをよく理解する人々である。
②意思決定の権限やそれに対するコントロールは、これらに関わる争点により影響を受ける多くの利害関係者が広く有することが望ましく、民主的に行われることが好ましい。
③複数の利害関係者が関与することで、諸施策が社会的に受け入れられやすくなり、それらを推進したり実施したりすることがより容易になる。
④協働で作業を行うことの結果として、互いにより建設的になり、対立する考え方はなくなっていく。
⑤ある争点から直接影響を受ける組織は、政策形成過程において彼らが有する知識や考え方、その他の能力を示しながら取り組む。
⑥創造的なシナジーは、ともに作業を行うことでもたらされるものであり、より革新的に、より効果的な結果が導かれる可能性がある。
⑦パートナーシップは、その作業や他のパートナーの技術や潜在能力に関する学習を促すとともに、組織の相互作用やパートナーシップを成功に導くのに役立つ交渉技術を発展させる。
⑧政策形成に関与する組織は、成立した政策を実施する際により大きな責任を担ってくれる。
⑨多くの主体が政策や関連する活動に関与すれば、主体間の協調が改善される。
⑩資源の持続的発展に影響する種々の経済、環境、社会的要素がより配慮されるであろう。
⑪もし、非経済的な要素や利害が協働作業の枠組みに含まれるのであれば、それらが重要であることをより強く認識することがある。そうすることで、利用可能な観光の商品の幅が広がるであろう。
⑫利害関係者の資源を蓄積しておくことで、それらをより効果的に利用することが可能になる。
⑬多くの利害関係者が合意形成に関与する時、結果として成立する施策はより柔軟になり、地域の事情や諸条件が変化した時により敏感に対応する。
⑭観光とは関係のない活動が活発になることで、所定のコミュニティまたは地域の経済や雇用、社会的基盤が拡張されていくであろう。

出所：Bramwell and Lane(2000), table1, p.7.

---

(4) 一例として、国境をまたいで観光振興を図る際の連携をテーマにしたユクセルらの議論がある（Yuksel and Yuksel [2005]）。

表4－2　観光の企画・立案をする際に協働やパートナーシップを図ることで生ずる潜在的問題

①ある場所では、そしてある争点については、政策形成において限られた利害関係者しか参加しない伝統がある。
②パートナーシップは単に「うわべを飾る」だけのものとして設定され、すべての利害に関わる真の問題に正面から取り組むのを避ける。
③健全な対立は抑えつけられることがある。
④協働して取り組むための努力は、職員に追加的な時間、リーダーシップや管理上の資源を求めることになり、人出不足になりうる。
⑤人々はよく知らないパートナーや以前に対立した人々とともに働いたり、そこに自身の能力を浪費しようとはしない。
⑥権限があまりない利害関係者は、協働の取り組みから排除されるか、もしくはさほど重要ではない過程に従事する。
⑦協働の取り決めを行う際、その権限は、より有力な政治手腕を有する集団か個人に移っていきやすい。
⑧主要な組織のうちのいくつかは、時に他者と作業をすることに無関心であったり、積極的ではない。というのも、彼らはパートナーシップを結んだ結果として得られる便益にのみ依拠して意思決定をするからである。
⑨一部のパートナーは、他者に対して、結んでいるパートナーシップから撤退するよう脅して、自分たちの取り組みにのみ従事することを強いることがある。
⑩民主的に選ばれた政府が協働の取り組みや合意形成に参加することは、「公益」を保護するそれ自身の能力と矛盾しうる。
⑪多くの支持者に対する説明責任は、協働がより制度的に複雑化すると不鮮明になるので、誰に対して説明し、何を説明するのかが曖昧になりうる。
⑫多くの利害関係者が方針を立てる際に関与することで、中心的機関が垂直的に方針を決定するよりも予測が難しくなる。したがって、協働は将来に対する不確実性を高めるかもしれない。
⑬協働で作業をする際に、利害関係者による既得権と慣習が入り込むと、革新的な動きを妨げうる。
⑭総意を得る必要があったり、前もって新しい考えを公開する必要がある際に、これらのことが新しい考え方を生もうとする動きを削ぐ可能性がある。
⑮一定の範囲の利害関係者を政策形成過程に参画させることは、費用がかかり時間を必要とする。
⑯多様な利害関係者を政策形成過程に関与させることで複雑さが生まれ、そのすべて人々を平等に扱うことを難しくする。
⑰意思決定が分断されて行われたり、実施に際してコントロールが及ばないことがある。
⑱パートナーシップを結ぶことで権限が大きくなりすぎると、カルテルが結ばれることがある。
⑲協働的になされた取り組みには、それらを長く持たせようとする官僚制が作用することにより、役に立たなくなるものがある。

出所：Bramwell and Lane (2000), table2, p.9.

4 ⦿ 伊豆観光圏の活動状況と実態

(1) 伊豆観光圏の現状

　本章が注目する伊豆観光圏は、伊東市、東伊豆町、河津町、下田市、南伊豆町の自治体と観光協会などから構成されている。この観光圏は、静岡県による県内市町村への観光圏形成の呼びかけに下田市と南伊豆町が応じたことがきっかけとなり、これらの市町が伊東市などに働きかけることで形成され、2010年に観光庁より観光圏として認定された。[5]

　伊豆観光圏を構成する地域は、温泉地であるとともに日本有数のビーチを抱えるなど多くの観光資源を有しており、この圏内の地域経済は観光関連産業に大きく依存している（静岡県企画広報部統計利用課〔2011〕）。「伊豆観光圏整備計画」（以下、整備計画）によると、伊豆観光圏内には、1999年、2,188万人が訪れている。しかし、その後減少傾向となり、現在は年間1,900万人と落ち込んでいる。

　伊豆観光圏内の市町の観光状況を具体的に把握する。まず、観光客の動向に

表4-3　伊豆観光圏内のピーク時と現在の観光客数の比較

	観光レクリエーション客数			宿泊客数		
	ピーク年	ピーク年の客数（人）	2009年の客数（人）	ピーク年	ピーク年の客数（人）	2009年の客数（人）
伊東市	2005	8,219,302	7,517,559	1991	4,437,470	2,790,100
下田市	1995	3,638,757	2,077,555	1994	1,867,153	866,118
東伊豆町	1992	1,339,719	833,058	1991	2,312,208	1,015,717
河津町	2003	1,757,262	1,413,460	1991	684,302	231,058
南伊豆町	1988	1,388,728	661,536	1988	620,411	238,881

出所：静岡県文化・観光部観光局観光政策課〔2010〕より筆者作成。

---

[5]　2010年8月24日下田市観光協会、2011年7月26日南伊豆町観光協会ヒアリングより。

市役所から伊東市を望む

下田市の寝姿山

図4-2 伊豆観光圏内の自治体における近年の年間商品販売額の推移

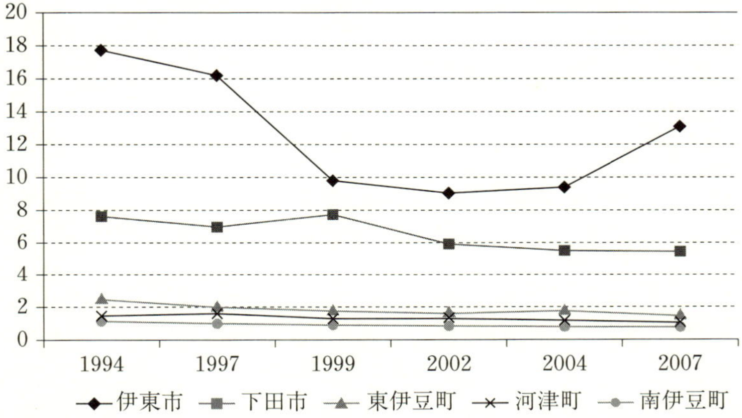

出所：各年度の商業統計より筆者作成。データは卸売業と小売業の年間販売額の和を用いている。単位は百億円。

注目する。**表4-3**は、1988年から2009年までの各市町の観光客数について、ピーク時と昨今の状況を比較している。

観光レクリエーション客数を見ると、伊東市や河津町は2000年代に入ってピークを迎えているものの、各市町ともに2009年には減少している。特に、下田市、東伊豆町、南伊豆町は半数近く減少している。他方、宿泊客数を見ると、いずれの市町ともピーク時が1990年前後の時期であり、その時期と比較すると現在は大きく減少していることが分かる。

次に、主要な観光関連産業の一つである商業の年間商品販売額の近年の推移を**図4-2**に示した。これを見ると、各市町ともに概ね停滞傾向にあることが分かる。伊東市の販売額が2007年に上昇しているものの、まだ以前の水準までは回復していない。**表4-3**に示したように、観光客の減少が地域経済に反映していることがうかがえる。

地域の主要産業である観光関連産業が停滞することで自治体財政が影響を受けて、公共サービスが削減され、地域全体に停滞状況が生じている。[6]実際、観光圏の担い手である観光協会では、協会を支える会員団体が減少することで会

費収入が減少したり、自治体からの補助金もかつてに比べて削減されているという。加えて、2011年3月11日に起きた東日本大震災の影響で観光客が大きく減少しており、この状況に拍車をかけている状況となっている。伊豆観光圏内で認められる近年の観光停滞は地域全体に大きな影響を及ぼしており、その再生と観光振興が喫緊の課題となっている。

このように、伊豆観光圏内の地域は厳しい状況に直面しているものの、それを打開する取り組みはなかなか行われていない。その理由の一つとして、整備計画では伊豆観光圏内の地域において、これまでに連携がなかったことが繰り返し指摘されている。

整備計画によると、伊豆観光圏を構成する市町では、これまでそれぞれの市町内が個別に観光振興に取り組んできたため、地域間の連携が乏しい現状にあるという。その結果、伊豆の観光情報が外部へバラバラに発信されて、地域内を移動しながらの旅行の日程が組みにくくなっている。また、地域間の情報のやり取りが十分に行われていないため、各地域でどういう振興を図っているのかお互いに十分に知り得なかった。こうした状況は地域間の関係だけではなく、地域内の宿泊施設間や観光施設間などの主体間の関係にも見られたという。

以上が、伊豆観光圏内の現状である。この観光圏内の各地域は観光関連産業を主産業としているものの、近年これらの産業が落ち込むことで地域全体の経済が影響を受けており、観光の再生が大きな課題となっている。観光圏はこの課題に対応する取り組みの一つであるが、これまで地域内の主体間、地域間で連携が乏しい状況であった。整備計画では連携を図り、広域連携を実現するための組織の形成とそれによる活動が掲げられている。以下で、その概要について述べる。

（2）伊豆観光圏による観光振興

　伊豆観光圏は、圏域のブランドイメージを確立することを通じて、全国有数の観光地である伊豆の復権を図ることを目的としている。そのためには、前節

で述べた課題を改善・克服することが必要不可欠となる。この点について伊豆観光圏では、これまで市町ごとに行われていた情報発信や情報収集、そして観光振興のための企画立案を一元的に行って地域間の調整を行う機関「海洋温泉ストーリー伊豆ツアーセンター(仮称)」を設立し、伊豆まるごと周遊ツアーの企画集団である「いず丸」を組織化することを目指している。

　こうした機関の設立や組織化を目指しながら、観光圏は様々な観光振興の取り組みを始めた。整備計画に掲げられた取り組みと2010年度の実績を**表4-4**にまとめた。

伊豆急全線ウォークのチラシ

　一部の事業は既に統合されて実施される予定となっているが、観光振興のために多くの事業が実施されていることが分かる。2010年度の事業の総事業費は2,550万円で、事業費負担の内訳は、観光圏内の自治体負担が479万円（全経費中18.7％）、観光協会などの事業費負担が937万円（36.7％）となっている。残りは県の補助を活用しており、その補助金額は1,133万円（44.4％）となっている。

　これらの事業のうち、一部の事業はこれまでに伊豆急行と連携して実施してきた事業もあり、新規の観光商品の開発などの取り組みは今後になるという。

---

(6) 詳細は拙稿（[2008]、[2011]）などを参照のこと。
(7) 寺村[2008]、2011年7月26日に実施した南伊豆町観光協会と下田市観光協会へのヒアリングより。
(8) 2011年7月26日に実施した南伊豆町観光協会へのヒアリング、および同日に実施した下田市観光協会ヒアリングより。震災の影響で下田市までの電車が一時止まったこと、ヒアリング実施日までに実施された2回の計画停電の影響が大きかったという。
(9) 整備計画では、伊豆地域全体が連携せずにバラバラであったことが指摘されている。
(10) 本節は伊豆観光圏整備計画と2010年8月24日に実施した下田市観光協会へのヒアリング、そして、2011年7月26日に実施した南伊豆町観光協会と下田市観光協会で実施したヒアリングをもとに執筆している。

表4－4　伊豆観光圏の事業と2010年度の実施結果

事業名	事業内容	2010年度の実施結果
潜在促進事業（ゆったり伊豆"E"湯）	地域通貨の開発・流通、手荷物配送サービス、ペット連れ宿泊施設の情報提供システム整備。	情報収集、事業について新聞広告を出す。
夜の町賑わい創出化事業	夜遊びシステムの構築、夜景の演出。	夜桜企画イベントと宿泊の結びつけ、ウェブなどによる広告・PR。
伊豆まるごと周遊ツアー事業	伊豆観光圏事業のための企画戦略集団によるツアーの商品の企画戦略を行う。	12月～3月にかけて6回のイベントを開催。イベント参加者合計293名。
地域賑わい創出事業	ストーリー性のある街遊び、ミステリーツアー、ガイドと歩く歴史・文化散策ツアー、おもてなし事業。	ミステリーツアーの実施。解答用紙応募参加者80名。
季節の花めぐり周遊事業	季節の花まつりと花めぐりスタンプラリー事業。	花めぐりスタンプツアー、885名の葉書応募。
フレッシュ伊豆まるかじり事業	伊豆の食材ブランド化プロジェクト、地域の食材資源の魅力発見プロジェクト、地域の食文化と食育プロジェクト。	TV番組の製作・放映。
東伊豆海岸ウォーキング事業	伊豆遊覧道＆伊豆急行線ウォーキング事業。	伊豆急全線ウォーキングを開催、26,130人参加。
スポーツ体験事業	マリンスポーツ体験、マウンテンスポーツ体験。	モニターツアー実施事業に統合。
伊豆の自然体験事業	海洋自然体験、田舎体験、遊休農地利用。	
人材育成事業	観光ガイド育成、通訳ガイド育成、語り部育成、ツアー紺シェルジュの育成。	商品開発研修、人材養成研究等の研修を実施、75名参加。地域ガイドツアーの実施、124名参加。
移動快適化促進事業	パーク＆ライド事業、マイカー利用者サービス事業、らくらくレンタサイクル・フリーパス事業、レンタカーサービス事業。	夜桜遊覧バス観光、合計583名乗車。
周遊券の企画・販売促進事業	交通機関・観光施設連携周遊券の発行。	
ぐるっとバス周遊事業	旬の見所バスツアーなどの実施。	
情報提供一元化事業	"いず丸"の組織化、伊豆観光圏ツアーセンターの設立、ウェブサイトの構築、モバイル情報。	シンボルマーク一般公募、147名、251作品から選考・決定。観光圏ホームページ開設。各事業キャンペーン、宣伝PRを実施。
外国人観光客対応事業	周遊型ツアー企画・広報サービス。リゾート滞在型ツアー情報提供サービス。	モニターツアー実施事業に統合。
情報発信強化事業	LAN拠点の整備、PRキャラバン・キャンペーン、圏域内番組作成、パンフレット作成、外国語表記の普及、アンテナショップ展開。	インターネット環境の整備、パンフレット製作、プレスツアー等の実施。
モニターツアー実施事業	2泊3日のモニターツアーの実施。	プレスツアー実施。メディア・プレスの参加合計25名。
調査事業	アンケート調査、宿泊客調査、旅の塾開催、観光圏ギャップ調査、海上交通研究事業。	アンケートの実施。

出所：伊豆観光圏事務局資料より筆者作成。

5 ● 検証と評価[11]

　本節では、第3節の「観光組織」論で触れた海外における「観光組織」論の議論を踏まえながら、伊豆観光圏における連携に基づいた広域観光の取り組みの実態について述べ、現状を検証する。

　結論から先に述べる。前節で、伊豆観光圏内の各地域ではもともと連携に乏しかったことを述べた。こうした状況のなかで、伊豆観光圏では観光圏の形成を機に、観光商品の開発や新事業の実施を中心に、今後様々な取り組みを行って観光振興に取り組んでいこうとしている。したがって、伊豆観光圏は広域観光振興のための地域間・主体間の連携を構築し始めた段階にあると言える。以下、具体的に述べる。

　これまでに筆者らが調査した限りにおいて、現在、伊豆観光圏は連携を図るうえで小さくない組織的な課題に直面している。第一の課題は、観光圏内の事業実施に伴う費用負担の配分である。伊豆観光圏では静岡県の補助金を受けながら事業を進めているが、今後実施する事業の費用負担を観光圏内の主体に対してどう配分するかが大きな課題となっている。さらに、観光協会が受けている各市町からの補助金の扱いをどうするかということも議論の対象になっているという。

　観光協会が自治体から受けている補助金を観光圏の事業に使うことになれば、事実上、自治体が事業を実施していることになる。観光協会に対する自治体の補助金を観光圏に使うことは、使い方として望ましくないという指摘もなされているという。

　第二の課題は、整備計画で提示された広域観光を推進する中心的組織である「海洋温泉ストーリー伊豆ツアーセンター」がまだできていないことである。この機関は、観光圏内の情報を収集・発信し、企画立案や各市町間の調整を行

---

(11)　注(10)と同じ。

う機関であり、広域観光を進めていくうえにおいて欠かすことのできない組織であるが、現段階で観光圏を担う主体間で創設に至るまでの合意形成ができていない。

　このことは、観光圏のなかで統一性のある観光商品の開発がまだできていないことにも反映されている。上述した通り、観光圏には旅行法上の特例が設けられており、国から認定を受ければ、伊豆観光圏を前面に出した事業や観光商品の開発・販売が可能となっている。伊豆観光圏では、JR東日本も参加して旅行商品の開発に取り組みつつあるが、観光圏内の作業部会などで各地域に商品案を求めても、市町や観光圏の担い手から活発に案が提示されないため議論が行われず、主体の参加もまちまちという状況が見られるという。

　このように、伊豆観光圏では十分な連携体制がまだできていない状況である。この背景には、観光圏を推進する担い手が不足していることがある。

　現在、伊豆観光圏内の観光協会はどこも人手不足の状況で、少ない人員のなかで地域内の観光振興に取り組みながら観光圏の事業を推進している状況にある。伊豆観光圏の事務局がある下田市観光協会では、厚生労働省による「緊急雇用創出事業」および「ふるさと雇用再生特別基金事業」による専任職員を採用しているが、この雇用が有期であり、雇用期間が終了したあとのあてがないことが大きな懸念事項の一つとなっている。

　しかし、この課題への対応策として人員を増やせばそれで克服できるかというと、決してそうではない。第3節の「観光組織」論で議論したように、「観光組織」を形成して連携に基づいた観光振興を図る際には少なからず障害がある。こうした障害を一つ一つ克服しながら連携を図ることは容易ではなく、潜在的な便益をうまく活用しながら主体間のコーディネートを図り、各主体が広域観光にコミットすることが求められる。言うなれば、「観光組織」のファシリテーターとしての人材が連携を図る際には求められるのだが、こうした人材を確保することは容易ではない。この点も、大きな課題となっている。

　以上の状況を「観光組織」論から見ると、連携して観光振興を図るにおいて次の障害に直面していることが分かる。まず、連携に基づいた広域観光を進め

ていくための人員と人材が不足している。これは**表4－2**内の④の項目に該当し、これが伊豆観光圏において連携を図るうえでの大きな障害となっている。

　人員・人材不足以外に、観光圏内で連携を図ることができない要因として次の二つが考えられる。一つは、伊豆観光圏の主体間の関係においてフリーライダーが生じている可能性である。これは作業部会などへの参加状況に認められることであり、観光圏の形成を担った下田市や南伊豆町と他の市町の間で取り組み状況に濃淡があることがうかがえる。さらに、観光圏の形成過程においても、地域や主体によって関心をもって熱心に取り組んだり賛成したりする主体と、無関心な主体がいたという。

　これらの事柄は**表4－2**内の⑧に該当する。無論、このことは上述の人員不足に起因していることも考えられるが、人員不足は下田市や南伊豆町も同じであることから、人員不足だけが観光圏の取り組み状況の濃淡を決定するものではないと考えられる。

　フリーライダーが発生している理由の一つに、かつて伊豆観光圏内では、連携をしなくても各市町ともにかなりの観光客が来ていたことが考えられる。以前、筆者は今日までの下田市の観光経済の推移を検証した。市には伊豆急行が開通して以降、この地域の観光経済は非常に栄え、1990年代前半まで観光経済が右肩上がりで成長してきたという経緯がある（拙稿［2011］）。

　表4－3に示したように、下田市の観光客数がピークを迎える1990年前後に他の市町も宿泊客数がピークを迎えている。観光経済は観光客の消費活動に強く依存することから、下田市のような地域経済の発展が他の市町でも認められたことが推察される。

　加えて、地域での観光振興においては主体間の連携が生じにくいという指摘もある。地域の旅行業者、宿泊業者は零細企業で、観光地のなかで競合的な共存関係にあるために元来連携が難しいという指摘もある（小谷［1994］）。伊豆観光圏内には、元来、民宿を中心に観光客を受け入れてきたという背景があり、

---

(12)　これらの制度の詳細については、厚生労働省ホームページ「雇用創出の基金による事業」を参照のこと。

観光圏を形成する一部の市町でこうした競合関係があったことが考えられる。

連携を図ることができないもう一つの要因は、伊豆観光圏内において主体による「なわばりの保護」が起きている可能性である。先ほど、1990年前後まで地域間・主体間の連携がなくても右肩上がりの成長を経験できたことが理由で観光圏での連携が図れないことを指摘したが、このことは、自身の業務や空間的な領域の「なわばり」に集中して観光振興をしておれば自然と観光客が来ていたことも意味している。ここに一つの成功体験があることが、連携が今日なかなか進まないことにつながっている可能性となっている。

以上の点は、伊豆観光圏内において、表4-1で示した連携することの潜在的な便益が共有されていないことを示唆している。伊豆観光圏では、こうした状況にも対応すべく、観光庁のプラットフォーム支援事業に申請して採択された「観光地域プラットフォーム設立準備事業」が2011年度から新たに実施されることとなった。この事業では、観光圏の構成団体でプラットフォーム研修会を開催したり、視察の実施、ワークショップを開催することで事業計画を策定している。そして、本事業を通じて整備計画にあった「いず丸」の設立を寄与することを目指すという。

この事業は今後連携の取り組みを推進するきっかけになり得ると考えるが、この事業だけでフリーライダーを解消し、連携を図ることは難しいと考える。したがって、この事業を含めた観光圏の事業を通じて主体同士が積極的に情報交換やコミュニケーションを図っていき、主体間の信頼関係を高めていくことがフリーライダーの解消につながるものと考える。そして最後に、この事業は人件費に経費を投ずることができないことから、人員・人材の不足に対しては別の対応が求められることを追記しておく。

これまで、伊豆観光圏内で連携を図っていくうえでの主体間の関係について論じてきた。現在の伊豆観光圏の状況を総括すると、連携に基づいた広域観光の活動はまだ始まったばかりの状況である。実際に観光圏内で連携がなされ、広域観光を推進する中心的な組織ができるまでには少々時間が必要となるであろう。

6 ⦿ 今後の取り組みについての提案

　本章では、連携に基づいた観光振興をテーマとして取り上げ、伊豆観光圏の事例に注目しながら「観光組織」論に立脚し、この観光圏が直面している組織的な課題を明らかにした。最後に、伊豆観光圏の今後の取り組みについていくつか提案をしたい。

　今後、観光圏内にプラットフォーム組織ができたとしても、行政、観光協会ともに現在は財源・人材を欠いている状況であるため、この組織が伊豆観光圏内の観光のすべてを牽引することは難しい。現段階では、伊豆観光圏においては地域内の観光振興の取り組みを補完することから始めていくことが現実的ではないかと考える。

　そこで重要なことは、観光圏のなかで重点的な事業を一つ全構成団体で連携して実施し、それを成功させることだと考える。その際、整備計画に掲げた共有テーマに基づいた観光振興と観光商品の開発を積極的に行いながら、圏内でのテーマの深化と展開を図っていくことが望ましい。

　プラットフォーム組織は、この活動を通じて各主体間のネットワーク化を図り、観光圏内の主体間について水平的な関係を構築していくことを目指す。時間をかけて主体間のネットワークを強化していきながら、この中心となるような組織を目指すことが第一歩ではなかろうか。

　以上のことを進める際に、財源、人材に乏しい伊豆観光圏では、観光協会や自治体だけではなく、市民らの地域づくり活動も積極的に評価し、可能であれば観光圏の観光振興事業のなかでこれらの活動を支援し、観光資源として位置づけていくことも重要と考える。例えば、下田市では市民団体が市街地の活性化活動に取り組んでいる（寺村［2009］）。こうした観光に関わる草の根レベルの活動も積極的に評価して広域観光のなかに位置づけるとともに、市民団体の意見や要望なども取り入れていきながら連携を図っていくことも検討していいのではないかと考える。

下田市のペリー艦隊来航記念碑

　その際、観光圏内でのボトムアップ型の観光地域づくり活動や観光商品開発につながりうる取り組みを支援する事業を実施してはどうだろうか。一つの案として、長野県や別府市が行っているような総合補助金制度を提案したい（拙稿［2010a］、［2010b］）。これらの地域で行われている取り組みは、支援対象などの補助条件を広く設定し、地域住民がその地域で抱えている地域的な課題を克服することを目指したり、実施したい地域づくり活動を住民側から広く募集して行政が審査し、事業を決定するという方式である。

　この取り組みを伊豆観光圏に引き付けて考えると、整備計画で掲げられたテーマである「海へ山へ、そして温泉〜海洋温泉ストーリー伊豆」を課題テーマとして、観光振興に関わる住民の地域づくり活動や、観光関連業者による観光商品開発案が対象事業として支援する制度が考えられる。伊豆観光圏は、これらの取り組みに対して審査し、採択して支援をする。長野県や別府市の事例では、審査過程を公開で行ったり、成果報告を公開することで草の根レベルの地域づくりの機運が高まっている。同様の効果が伊豆観光圏でも期待できるとともに、このなかから新たな観光商品開発に結び付くような活動が出てくることが予想される。

ここで課題になるのは人員と人材の確保である。この事業を進めるうえでも連携が必要となるが、連携を図る際には、本章で述べたように連携することのメリット、潜在的な便益を主体間で共有することができるようなファシリテーターが必要となる。

こうした人材を地域内で育成することが必要であるが、場合によっては、地域外の人材を確保することも必要になろう。このことは、外からの視点を確保することにつながり、地域内の観光資源を評価したり、観光振興の取り組み状況を検討する際に有効になる。

こうした取り組みの一つに、東伊豆町の稲取温泉観光協会の取り組みがある。この観光協会では、給与、賞与、住居などを与えるという条件で事務局長を全国から公募した。就任した事務局長は、地域企業である「稲取温泉観光合同会社」を設立するなどの観光振興を図った。本章のコラムで触れた「阿蘇くじゅう観光圏」でも、事務局長を外部から公募している。[13]

しかし、こうした公募による外部からの人材の確保は費用もかかる。そこで、もう一つの人材確保策として、国や静岡県からの人的支援がありうる。これまで述べてきたように、観光庁は観光圏制度やプラットフォーム支援事業のように観光地づくりを行う地域に対して制度的・財政的支援を行ってきた。観光庁以外の省庁でもハード整備に関わる事業などが実施されていることから、国からの支援は一定程度行われている。

しかし、本章で述べてきたように、伊豆観光圏では観光関連産業が収縮することで地域全体が停滞しており、観光圏を担う自治体や観光協会もこの影響を強く受け、人員を縮小したり、観光振興のための各種予算を削減しているのが実情である。そこで、今後あるべき支援策として、観光振興を担う人を雇う事業や人件費を支援する事業も検討すべきだと考えられる。

現在、静岡県は、伊豆観光圏を含む賀茂地域に地域振興局を置いており、こ

---

[13] 〈静岡新聞〉2006年11月21日付「年収700万円、住居準備、誘客なら賞与　稲取温泉観光協会、事務局長を厚遇で全国公募」、〈静岡新聞〉2008年11月4日付「好調な旅行業、事業を拡大へ　稲取温泉観光合同会社」を参照。

南伊豆町にある農産物の直売所「旬の里」

の地域の観光振興をサポートしている。例えば、こうした機関をもっと活用しながら、静岡県は伊豆観光圏を含む県内の観光地に対して、要請があれば人的支援の実施を検討してもいいのではないだろうか。

　第1章で述べたように、静岡県は現在、伊豆半島を「ジオパーク」として観光振興を図ろうとしている。県は2011年度に「伊豆半島ジオパーク構想推進事業費」として1,200万円の予算を組んで、県と伊豆地域の自治体、経済団体、市民団体などが一体となってジオパーク推進のための推進協議会を設立して支援を行っている。とはいえ、こうした取り組みに対して期待する声がある一方で、これまで温泉や海水浴などを目的として伊豆地域に来ていた観光客に、こうした地質学的な資源がどこまで魅力的なものになるのかといった懐疑的な見解も出ている(14)。

　観光圏であれ、ジオパーク構想であれ、現在、伊豆地域のなかで広域観光を推進する機運が高まっているのは事実である。これらの取り組みが、伊豆地域において連携に基づく広域観光の推進のきっかけになることは予想される。し

かし、ジオパーク構想に対する懐疑的な意見に見られるように、観光に関わりうる取り組みを切り離して推進していくことは、必ずしも連携に基づいた広域観光を推進し、観光振興に寄与するとは限らない。

　本章で触れたように、元来観光は総合的な性格を有することから、ジオパーク構想がこの地域の観光振興に寄与するためには、これまで愛されてきた観光資源や地域が取り組んできた観光振興と有機的に結び付くことが必要となる。ここに、ジオパーク構想事業を積極的に推進している県は、伊豆地域の人々とともに取り組んでいく役割があると考える。

　最後に、広域観光を推進する際の構成団体間における費用負担の問題について述べる。

　伊豆観光圏の場合、圏内の経済が観光関連産業に強く依存していることから、観光振興のための補助金は広く地域活性化に貢献しうる性質を有している。[15]観光振興に対する取り組みの便益が観光圏にも広がりうるという外部性を有するとすれば、限られた人員と資金のなかで観光振興と観光圏の実務を担っている圏内の各観光協会の活動は、両方に寄与することになる。したがって、観光協会に対する補助金を観光圏の事業にも援用することには経済的な合理性があると考えられる。

　こうした論点を含め、観光圏の事業の費用負担の配分は興味深い問題であり、観光圏をめぐる今後の研究課題の一つとなる。

---

(14) 〈静岡新聞〉2011年2月13日付「11年度県予算案理想郷への道2　ジオパーク、富士山、空港　住民の積極的参加が鍵」を参照。
(15) 南伊豆町では、自治体による補助金の削減が行われているものの、いたずらに削られるのではなく、観光協会への支援は地域に貢献するという認識のもと、厳しい財政状況下で財源を捻出して補助金を確保し、観光協会の支援をしているという。

> **コラム**　**阿蘇くじゅう観光圏の取り組み**

　広域観光で昨今耳目を集めているのは、「阿蘇くじゅう観光圏」の取り組みである。熊本県阿蘇市など県内の八つの地域と大分県竹田市で構成されるこの観光圏では、地域内の足並みを揃えた広域観光の取り組みが進んでいる。他の観光圏に先駆けて、2011年3月から1年間、これまでの広域観光の取り組みの集大成として、圏内の観光資源を共通のテーマのもとに包括した「阿蘇カルデラツーリズム博覧会　阿蘇ゆるっと博」を開催した。

　こうした広域観光に取り組むことができる背景には、この地域の広域観光を一手に担う「財団法人阿蘇地域振興デザインセンター」(http//www.asodc.or.jp/を参照)の存在が大きい。筆者が実施したデザインセンターへの調査によると、1990年、熊本県と当時の阿蘇郡12町村が出資して設立された「財団法人阿蘇環境デザインセンター」を前身機関とし、2億4,000万円の基本財産を有して阿蘇地域の自然環境を保全しながら観光開発と地域づくりに取り組み始めたという。その後、1998年に現在のデザインセンターとして改組され、30億円(県より15億、市町村より15億)の基本財産を背景に、地域振興と広域観光の振興に取り組んでいる。

　1億円程度の予算と専任職員を有するデザインセンターでは、「スローな阿蘇づくり」というグランドコンセプトをもとに、2000年から観光地づくりに本格的に取り組んできた。このコンセプトは、自然を楽しむ「エコツーリズム」、商店街を楽しむ「タウンツーリズム」、農村を楽しむ「グリーンツーリズム」からなり、阿蘇地域が有する自然環境や農山村の風景をベースに、地元の人々と交流と深めながらゆっくり・のんびり過ごす長期滞在型の観光地を目指すというものである。こうした観光地づくりを推進するため、圏内で行われる観光地づくりに対してアドバイスを行うなど積極的に支援している。

　デザインセンターは、こうした観光地づくりを一貫して追求する過程で、国

の各種政策を積極的に利用しながら進めてきた。特に、公共交通のネットワーク化などの地域交通の整備に関わって、国交省による公共交通関連の事業など、交通に関する事業を積極的に利用している。こうした事業を活用しながら、公共交通のネットワーク化を図ることで地域間の広域的な移動の可能にするとともに、パークアンドライドを導入して、域内の移動に自転車を活用する交通システムを整備することも通じて「スローな阿蘇づくり」を推進してきた。このように、観光地づくりを進めるうえで国の支援策についての情報を収集するとともに、適宜利用してきた点も見逃すことができない。

　デザインセンターは、グランドコンセプトを構築するとともに各種情報を収集しながら圏内の観光地づくりを積極的に推進している。阿蘇地域の広域観光を牽引するデザインセンターは、まさに観光庁が各地に設立を進めているプラットフォーム機関にあたる組織である。

阿蘇神社門前町の風景

第5章
伊豆地域の外国人観光客の動向と課題[1]

野方　宏

出逢い岬（沼津市戸田）から見た富士山

1 ⊙ 観光立国は貿易立国

　これまでに述べられたように、近年、我が国では観光に対する関心が急速に高まってきている。しかし、その関心は、従来からある物見遊山的な観光に対するものではない。第1章でも見たように、産業としての観光、つまり付加価値や雇用を生み出す経済活動を担う観光に熱い視線が注がれているのである。
　こうした動きの嚆矢となったのは、2003年に発せられた小泉純一郎首相（当時）の「観光立国宣言」であった。次節で見るように、2003年以降、政府レベルでは観光立国を目指す政策が矢継ぎ早にとられた。このような産業としての観光という捉え方は、いまや地方レベルにまで及んでいる。例えば、2006年4月に静岡県が発表した静岡県総合計画「魅力ある"しずおか"2010戦略プラン」には、「観光産業は……21世紀の本県の基幹産業の一つとして期待されています」（184ページ）と、県の経済を支える重要産業として観光を位置づけているほどである。
　それでは、観光に対してこれほど大きな期待がかけられる理由はいったい何であろうか。それは、第1章でも論じたように、確実に進行する我が国の人口減少と、それに伴う経済の成熟化のなかで、経済社会の活性化につながる数少ない成長分野として観光が位置づけられているからである。しかも、我が国を取り巻くアジア・太平洋地域では、中国に典型的に見られるように、急速な経済成長が海外旅行を爆発的に増加させると予測されている。我が国における長期的な国内需要の減少が予想されるなか、この「外需」を積極的に取り込んで経済成長につなげるという役割を観光に託す、これが「観光立国」という表現に込められた意味と言える。
　かつて、資源の乏しい我が国の生きる道は「貿易立国」にあるとされたが、言ってみれば、観光立国とは貿易立国そのものである。なぜなら、観光というサービスは、サービス一般がそうであるように生産と消費が同時に行われるという特徴をもっており、観光サービスを購入するということは消費者が生産地

を訪ねるということを意味し、観光サービスの購入は（サービスの）輸出にほかならないからである。この意味で、我が国の生きる道は相変わらず貿易立国であると言ってもよいであろう。

2 ● 我が国の外国人観光客をめぐる最近の動向

（1）観光立国宣言から新成長戦略へ

　ここでは、2003年の小泉首相（当時）の「観光立国宣言」以降の、外国人観光客に関わる政府の取り組みを見ていく。そのため、第1章第2節（1）「観光立国をめぐる動き」で述べた内容と一部重複することになるが、本章で行う外国人観光客をめぐる議論に必要とされるところに焦点を絞って話を進めていきたい。

　2003年1月、小泉首相（当時）は施政方針演説のなかで、観光振興に取り組み、訪日外国人旅行者を2010年までに1,000万人に倍増させると観光立国宣言を表明し、2003年を「訪日ツーリズム元年」と位置づけた。そして、2003年4月より、海外に向けて日本の観光の魅力について情報発信を行ったり、訪日旅行の促進を目指して「ビジット・ジャパン・キャンペーン（VJC）」が開始された。このVJCは、様々な形をとりながら現在まで継続して行われている。

　2006年12月に議員立法により成立し、2007年1月に施行された「観光立国推進基本法」は、初めて観光を21世紀における日本の重要な政策の柱として明確

---

(1) 本章は、野方［2011］の「第3節　外国人観光客」の部分を大幅に加筆するとともに新たな論点をいくつか付け加えたものである。なお、執筆時点で『平成23年版　観光白書』が利用可能でなかったため、データの一部に最新の2010年ではなく2009年のものを用いた箇所がある。
(2) GDP統計では、外国人観光客による宿泊、土産物の購入などの支出は、個人消費ではなく輸出（外国人への製品・サービスの提供）として扱われる。
(3) 小泉首相は2003年以降2006年まで、毎年1月に行う施政方針演説において、VJCによる外国人観光客の倍増という目標に常に言及している。

に位置づけたものである。また、2007年6月には、この法律に基づいて観光立国実現のためのマスタープラン「観光立国推進基本計画」が策定された。この基本計画においては、5年という計画期間のなかで実現を目指す五つの基本的な目標が掲げられている。五つの目標うち三つは外国人観光客に関係するものであり、それを列挙すれば以下の通りである。

・訪日外国人旅行者数を2010年までに1,000万人にし、将来的には日本人の海外旅行者数と同程度にする。
・国際会議の開催件数を2011年までに5割以上増やす。
・国内における観光旅行消費額を2010年度までに30兆円に増やすが、そのうち訪日外国人消費額を2.5兆円にする。(4)

2008年10月には、観光立国推進のための体制整備と観光行政を担う組織として観光庁が国土交通省の外局として発足した。そして、2009年9月、政権交代で登場した民主党の鳩山内閣のもとで、観光立国の動きはさらに加速された。すなわち、翌10月には前原国土交通大臣（当時）のイニシアティブのもと、観光庁から「訪日外国人3,000万人プログラム」が提示されたのである。

このプログラムは、2010年以降の新たな目標として、第1期の2013年に1,500万人、第2期の2016年に2,000万人、第3期の2019年に2,500万人、そして将来的には3,000万人の訪日外国人を目指すという極めて野心的なものである。

また、2009年12月には、観光は財政出動に頼らない経済成長を実現するという認識のもとに「観光立国推進本部」が発足している。この本部には三つのワーキングチームが設置されたが、そのうちの一つである「外客誘致ワーキングチーム」では、中国からの訪日観光ビザの発給など外客誘致に関わる問題の解決に向けた調整が検討され、その成果の一部は、中国からの個人観光ビザ発給要件の大幅緩和という形で具体化されることになった。(5)

そして、2010年6月に閣議決定された「新成長戦略～「元気な日本」復活のシナリオ～」では、観光立国が地域活性化とセットとなって七つの成長戦略分野の一つに位置づけられた。訪日観光ビザの取得の容易化や、先に述べた「訪

日外国人3,000万人プログラム」などにより、約10兆円の経済波及効果と新規雇用56万人の創出が期待されている。

（2）外国人客の動向[(6)]

　図5-1は、訪日外国人旅行者数の長期的な趨勢を示したものである。1964年の35万人から2010年の861万人まで、46年間で約25倍の増加を示していることが分かる。VJCがスタートした2003年以降について見ると、2010年までの7年間で340万人、65％の外国人観光客の増加が見られた。年平均約7％の伸び率である。2008年の外国人観光客の停滞および2009年の大きな落ち込みは、2008年秋のリーマン・ショックによる金融危機を契機にした世界経済の低迷、新型インフルエンザの流行、そして円高の進行などによるものである。[(7)]

　観光立国宣言にある「2010年までに外国人観光客1,000万人」という目標は結果的に実現できなかったが、仮に2007年までの増加のペース（年平均約12％）が続いていたとすると2010年には1,100万人を超える数字となり、優に目標はクリアーできていたことになる。なお、図5-1からも分かるように、2010年の861万人（前年比26.8％増）という数字は過去最大である。

　まず、「訪日外国人消費動向調査　平成22年　年次報告書」（観光庁［2011a］）により、861万人の内訳を見ていこう。大陸別に見ると、アジアが653万人と全体の75.8％を占め（以下、カッコ内はシェアを表す）、次いで北アメリカ

---

(4)　残りの二つの目標は、「日本人の国内旅行による1人当たりの宿泊数を年間4泊にする」、「日本人の海外旅行者数を2010年までに2,000万人にする」である。

(5)　既に2009年7月に中国の富裕層向けに個人ビザが解禁されていたが、2010年7月に中間層向けに大幅な緩和が行われ、これにより、個人ビザの発給対象が約10倍の1,600万世帯に増えると見込まれている（《日本経済新聞》2010年8月26日）。

(6)　この節では、2010年以前の外国人観光客のデータを用いており、2011年3月11日に発生した東日本大震災の影響については触れていない。JNTOによる訪日外客数調査を見ると、2011年1月、2月は前年同月比プラスであったが、3月、4月、5月は同マイナス50～60％となっており、外国人観光客の動きに大きな影響が表れている。

(7)　世界観光機関（UNWTO）の推計によると、2009年における世界の外国人旅行者の総数は8億7,689万人であり、前年比4.0％の減少である（観光庁［2011b］35ページ）。

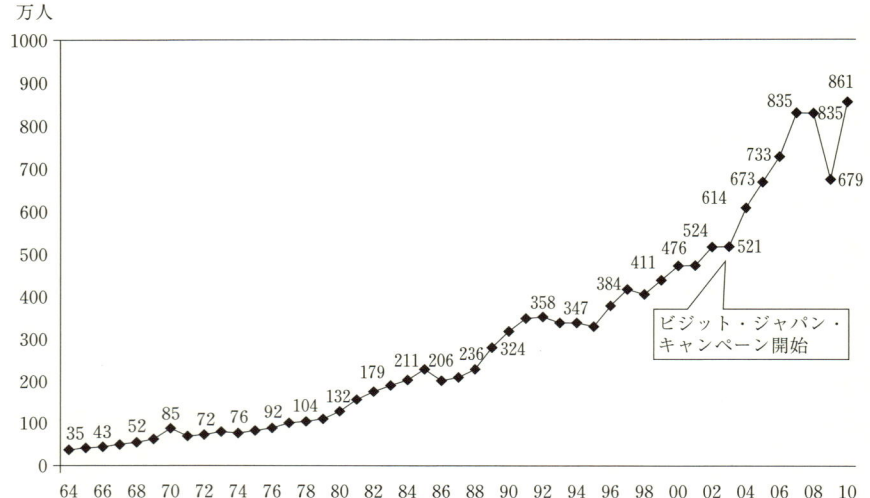

図5−1　訪日外国人旅行者の推移

(グラフ：万人単位、1964年〜2010年)
35, 43, 52, 85, 72, 76, 92, 104, 132, 179, 211, 206, 236, 324, 358, 347, 384, 411, 476, 524, 521, 614, 673, 733, 835, 835, 861, 679

ビジット・ジャパン・キャンペーン開始

出所：http//www.mlit.go.jp/kankocho/shisaku/kokusai/vjc.html

91万人（10.5％）、ヨーロッパ85万人（9.9％）、オセアニア26万人（3.0％）、その他6万人（0.7％）の順となっている。国・地域別で見ると、韓国が244万人と全体の28.3％を占め、以下、中国141万人（16.4％）、台湾127万人（14.7％）、アメリカ73万人（8.4％）、香港51万人（5.9％）の順となっている。

2010年は、中国が初めて台湾を抜いて2位となった年である。なお、以下の議論では2009年のデータを使用するので、日本政府観光局（JNTO）による『JNTO訪日外客訪問地調査2009』（JNTO［2010］）に記されている国別訪日外国人旅行者数の割合を以下に示しておく。上位5か国の割合は、韓国23.4％、台湾15.1％、中国14.8％、アメリカ10.3％、香港6.6％となっている。

観光庁が2010年6月に公表した「宿泊旅行統計調査報告（平成21年1月〜12月）」（観光庁［2010］）で2009年の外国人の延べ宿泊者数を見ると、上述した訪日外国人観光客数とは異なる側面が見えてくる。2009年の外国人の延べ宿泊者数は1,830万人泊であり、前年比で17.8％減となっている。これは、先に述べた2009年の訪日外国人観光客数の大幅な減少を反映した結果である。また、

第5章　伊豆地域の外国人観光客の動向と課題　141

　都道府県別に外国人の延べ宿泊者数を見ると、東京都638万人泊（34.9％）、大阪府197万人泊（10.7％）、北海道181万人泊（9.9％）の順となり、この上位三つで全体の半分以上を占めている。なお、静岡県は9位であった。

　次に、国・地域別に外国人の延べ宿泊者数を見ると、台湾264万人泊（14.4％）、中国258万人泊（14.1％）、アメリカ231万人泊（12.6％）、韓国157万人泊（12.0％）、香港157万人泊（8.6％）となっているが、訪日外国人旅行者数で1位の韓国が4位まで下がり、台湾が僅かの差で1位となっている。シェアの数字が接近しているためこの順位は比較的変わりやすいと思われるが、訪日外国人旅行者数と延べ宿泊者数の順位が必ずしもパラレルな関係にないことに注意が必要である。

　国・地域別の延べ宿泊者数における行き先別（都道府県別）の構成割合にも、いくつか特徴的なことを見いだすことが出来る。例えば、一つの国を除いて東京都が（延べ）宿泊先としては1位を占めている。例外は台湾であり、北海道が22％で1位となっており、東京は19％で2位である[9]。

　また、欧米の国（北米のアメリカ・カナダ・イギリス・フランス・ドイツ）と東アジアの国（韓国・中国・台湾・香港）とで行き先に顕著な差が見られる。欧米の場合、東京都の割合は50％前後と比較的高いが、東アジアでは30％前後であり、20ポイント程度の開きがある[10]。ちなみに、欧米では京都府の割合が10％前後、行き先別の順位でも2〜4位となっているが、東アジアでは京都府の割合はトップ5にも入っていない[11]。他方、北海道についてはこれとはまったく逆

---

(8) 本章の執筆時点（2011年8月末）では2010年のデータは公表されていなかったため、ここでは2009年のものを使っている。なお、2009年の訪日外国人旅行者の動向は、国別・地域別順位で第2位が台湾、第3位が中国であること以外は基本的に同じである。
(9) 台湾の観光客は「雄大な自然景観」への嗜好が強く、このことが台湾観光客の北海道人気につながっていると思われる。この点も含め、東アジア4か国の訪日動機の比較については、田中［2005］66〜67ページを参照。
(10) 東京都を行き先とする割合は、アメリカ43％、カナダ52％、イギリス55％、フランス51％、ドイツ39％に対し、韓国30％、中国27％、台湾19％、香港32％である。
(11) 京都府を行き先とする割合は、アメリカ7％（4位、カッコ内は順位）、カナダ8％（3位）、イギリス8％（3位）、フランス14％（2位）、ドイツ12％（2位）である。

の数字が現れている。⁽¹²⁾

　なお、次項で見るように、欧米の観光客の訪日動機（訪日前に期待したこと）には類似のパターンが認められるが、東アジアの観光客のそれはかなりのバラツキがある。

（3）外国人観光客の特性

　ここでは、前掲の『JNTO外国人観光客訪問地調査2009』（JNTO［2010］）によりながら、次節以降での検討に必要な範囲で外国人観光客の特性を見ていきたい。

　都道府県別の訪問率（訪問者数／回答者数）を見ると、2004年度以降2009年までの上位5位は東京、大阪、京都、神奈川、千葉の順であり、大都市圏が上位を占めている。東京が60％弱、大阪と京都が20〜25％、神奈川と千葉が15％前後の訪問率となっている。ここ数年の静岡県の訪問率は3％台で、順位は15位前後で推移している。ちなみに、2009年の訪問率は3.2％で、順位は大分県と並んで14位であった。⁽¹³⁾

　2009年の訪日目的を見ると、観光48.8％、商用30.6％、親族・友人訪問11.6％、その他9.0％となっており、観光と商用が全体の8割を占めている。東アジアの国では一般的に観光客の割合が高く、特に香港の85.7％と台湾の71.5％という数字は際立ったものとなっている。他方、欧米では、商用客のほうが高い傾向にある。例えば、アメリカ47.5％（24.7％、カッコ内は観光目的）、イギリス39.5％（36.5％）、ドイツ53.6％（23.6％）である。

　観光客について訪日回数を見ると、1回目43.1％、2回目以上56.3％と、2回以上訪日したことのあるリピーターが過半数を占めている。東アジアの国についてリピーター率を見ると、香港83.0％、台湾77.0％、韓国63.2％が高い数字を示している一方、中国は25.0％とかなり低い数値となっている。また、欧米のリピーター率はすべて4割以下である。

　観光客の訪日動機（複数回答）について見ると、「日本の食事」（以下、日本

食）が58.5％とショッピングに代わって初めて１位になった。2009年の調査では、選択肢の名称や回答条件などに若干の変更があるが、日本食は2006年度以降19.4％、36.5％、37.0％、58.5％と急速に順位を上げてきており、いまや日本を代表する観光資源となっている。以下、次節以降での議論との関係から、訪日外国人客上位５か国（韓国、中国、台湾、香港、アメリカ）を中心に、その訪日動機について少し詳しく検討していく。

2009年の観光客全体および訪日外国人観光客上位５か国についての訪日動機上位５位までを示したのが**表５－１**である。この表では、自然景観・田園風景を「自然」、伝統的な景観・旧跡を「伝統」、日本人の生活に対する興味・交流を「日本人」と略記している。

前述したように、訪日観光客全体では「日本食」が前年の２位から１位に躍り出た。特に、香港やアメリカでは観光客の７割以上が挙げるほどの人気ぶりである。なお、この調査のなかで具体的な国名が記されているVJCにおける重点市場15か国中、日本食が１位に挙げられていない国は３か国（台湾、中国、インド）だけである。

国別の訪日動機を比較してみると、東アジアの国では日本食や温泉の人気が高い。特に、中国や台湾では温泉が１位にランクされている。他方、アメリカをはじめとした欧米では、上位５位のなかに温泉は入っていない。むしろ、「日本人の生活に対する興味・交流」が温泉に代わって上位５位にリストアップされている。

---

(12) 欧米の国ではトップ５に入っていないが、東アジアの国では、韓国10％（３位、カッコ内は順位）、中国７％（４位）、台湾22％（１位）、香港25％（２位）である。
(13) 静岡県に隣接する山梨県の訪問率は７％前後で、順位も10位前後と静岡県よりも常に上位に位置している。
(14) 訪日動機は、2009年調査では「訪日前に期待したこと」という設問に変更されている。なお、2008年以前のこの設問の回答は「３つまで」とされていたが、2009年は「いくつでも」に変更されている。
(15) これらの国での日本食の順位は、台湾２位、中国３位、インド４位である。
(16) 温泉の順位は、アメリカ８位、イギリス９位、フランス７位、ドイツ８位である。「日本人」に対する順位は、それぞれ４位、４位、２位、３位である。

表5－1　上位5か国の訪日動機（複数回答）　　（括弧内は割合）

	1位	2位	3位	4位	5位
全体	日本食(58.5)	ショッピング(48.5)	温泉(43.4)	自然(41.8)	伝統(37.6)
韓国	日本食(41.3)	温泉(39.1)	ショッピング(31.6)	自然(28.2)	伝統(23.9)
台湾	温泉(54.1)	日本食(54.1)	自然(50.8)	ショッピング(47.2)	伝統(39.9)
中国	温泉(62.0)	ショッピング(54.0)	日本食(51.2)	自然(50.9)	伝統(32.0)
香港	日本食(71.5)	ショッピング(70.3)	自然(41.5)	温泉(39.7)	繁華街の見物(26.1)
アメリカ	日本食(70.7)	伝統(59.5)	ショッピング(49.6)	日本人の生活(47.2)	自然(45.3)

出所：JNTO（2010）より筆者作成。

　変わったところでは、香港の5位にある「繁華街の見物」である。先の重点市場15か国のなかで香港以外に「繁華街の見物」が上位5位に入っているのはオーストラリアとドイツだけであり、それぞれ4位、5位にランクされている。

　2009年の調査では、出国直前に、訪日動機（訪日前に期待したこと）と同一の選択肢を対象として「訪日後に満足したもの」についても回答を求めている。後者についての割合が前者を上回るものは、期待を上回るだけの満足を得たものと考えることができる。そこで、「期待を上回る満足の大きさ＝訪日後の満足の割合－訪日前に期待していた割合」で表すと、「自然景観・田園風景」が＋2.3ポイントと最も高く、次いで「大都市の景観・夜景」（訪日動機では第7位）が＋1.2ポイントで続いている。逆にマイナス値が大きいものは、「温泉」の－4.9ポイント、「ショッピング」の－3.3ポイントなどである。[17]

　観光客の旅行形態を見ると、個人旅行63.8％、団体旅行（ガイド付き団体パッケージツアー）34.0％であり、全体的には個人旅行化が進行していることが分かる。特に、欧米からの旅行者はアジア諸国と比べて個人旅行の比率が高く、8～9割を占めている。ただし、アジア諸国でも韓国や香港は個人旅行の比率がそれぞれ76.7％、71.4％と高いが、その一方で中国は22.2％に過ぎず、台湾はその中間の44.2％となっている。本節（1）「観光立国宣言から新成長戦略

へ」で見たように、中国からの観光客については2010年7月に個人ビザの大幅な発給要件の緩和が行われたこともあり、今後は個人旅行の比率が高まっていくことが予想される。

3 ● 静岡県および伊豆地域の外国人観光客の動向

　国レベルでの外国人観光客に関する統計に比べると、都道府県レベルでのそれは整備が十分にはなされていない状況にある。少し古いが、2004年段階で独自の外国人観光客の統計を作成していた都道府県は20程度しかなく、作成基準も様々であったため比較も難しかった。現在においても、こうした状況に大きな改善は見られていない。

　以下では、『JNTO訪日外客訪問地調査2009』（JNTO［2010］）と「宿泊旅行統計調査報告」（観光庁［2010］）などによりながら、静岡県および伊豆地域の外国人観光客の動向をまとめていきたい。

（1）静岡県の外国人観光客の動向

　前節で見たように、2009年の外国人の延べ宿泊者数は1,830万人泊であった（観光庁［2010］）。静岡県のそれは37万2,230人泊となっており全国9位ではあるが、全体の2.1%を占めるにすぎない。また、宿泊手続きをした人数を示す外国人の実宿泊者数を見ると、静岡県は約28万人（全国10位）であり、全体に占める割合は2.4%となっている。

　参考までに、静岡県が従来外国人訪問客の推計に際して用いた手法、すなわ

---

(17)　残りの上位5位以内について見ると、「日本食」が+0.4ポイント、「伝統的景観・旧跡」が-1.8ポイントである。なお、JNTO［2010］32ページでは、温泉は実際に体験してみないと満足の程度が分からないものだが、事前に温泉に期待していない観光客が温泉を体験することは少ないので結果的に数値が低く現れやすいこと、またショッピングについては円高が影響していることを指摘している。

ちJNTOの調査による外国人旅行者の都道府県別訪問率を用いた手法に基づいて静岡県を訪れた外国人を計算してみよう。『JNTO訪日外客訪問地調査2009』における2009年の静岡県への訪問率は3.2％（全国14位）であり、同年の訪日外国人旅行者数は679万人であったから、静岡県を訪れた外国人旅行者は約22万人（679万人×0.032）となる。先の実宿泊者数とあわせて考えると、2009年には約25万人程度の外国人が静岡県を訪れたと見てよいであろう。

なお、訪問率を用いて同様の計算をVJCがスタートした2003年について計算すると、約17万人（521万人×0.033）となる。したがって、静岡県を訪れた外国人客は6年間で約5万人、3割程度増加したことになる。この間、訪日旅行者数も3割ほど増加しており、静岡県においては国とほぼ同じ割合の外国人旅行者の増加があったことになる。

次に、再び『JNTO訪日外客訪問地調査2009』によりながら、2009年における静岡県への訪日客の特性（地域・国、目的、回数など）を見ていきたい。

地域別では、アジア63.7％（66.8％、以下カッコ内は訪日客全体の割合）、北アメリカ12.2％（12.5％）、ヨーロッパ8.3％（7.1％）、オーストラリア0.8％（3.1％）、その他14.9％（10.4％）であり、全体と比べてアジアとオーストラリアの割合が2～3ポイント低く、ヨーロッパが若干高くなっている。上位5か国を挙げると、中国22.9％、台湾19.4％、韓国12.4％、アメリカ10.1％、香港3.7％の順となっている。前節で見た2009年における訪日外国人旅行者のランキングと比較すると、1位であった韓国が11ポイントも低い3位となり、中国と台湾がそれぞれ8ポイント、4ポイント増の1位と2位を占める結果となっている。

静岡県への訪日目的を見ると、観光52.4％、商用28.1％、親族・友人訪問13.4％となっている。観光目的が過半数を上回っており、全体と比べると4ポイント近く高くなっている。また、観光目的の旅行者だけの訪問回数を見ると、1回目44.0％、2回目13.9％、3～5回目20.1％、6～10回目12.1％、11回以上7.1％となり、2回目以上のリピーターは53.2％と過半数を上回ったうえ、6回以上の「ヘビー・リピーター」も2割近くに達している。

（2）伊豆地域の外国人観光客の動向

　ここでは、前掲書（JNTO［2010］）の静岡県のデータのうち、熱海と伊豆半島を一括して伊豆地域としてまとめたものをまず取り上げる。次いで、伊豆地域でも多くの外国人客が訪れている東伊豆地域について、伊豆東海岸国際観光モデル地区整備推進協議会が3市2町の宿泊施設を対象に集計した外国人の宿泊客データを検討する。

　前掲書（JNTO［2010］）における静岡県内の主要訪問先は、「静岡市」、「浜松・浜名湖」、「熱海」、「伊豆半島」の四つに分類されている。ここでは熱海と伊豆半島をあわせたものを「伊豆地域」とし、以下、伊豆地域の外国人観光客の動きを見ていくことにする。

　前掲書（JNTO［2010］）における2009年のサンプル数（回答者数）は15,355であり、そのうち訪問先として「静岡県」と回答した数は484であり、先に見たように訪問率は3.2％となっている。そのうち、熱海と伊豆半島の合計は216であり、静岡県全体の45％を占めている。[19]訪問率に基づく外国人旅行者が22万人であるとすると、伊豆地域には約10万人が訪問したことになるが、これは2009年の伊豆地域の観光交流客数3,946万人の2.5％に相当する。[20]

　訪日目的を見ると、観光70.8％、商用6.0％、親族・友人訪問20.4％となっている。観光の数字は、日本全体より22ポイント、静岡県より18ポイントも高く、伊豆地域が観光地として訪問されていることを示している。

　観光目的の旅行者だけの訪日回数は、1回目37.6％、2回目12.9％、3～5回目21.8％、6～10回目17.1％、11回以上9.4％である。2回目以上のリピーターは61.2％、6回目以上の「ヘビー・リピーター」は26.5％と、静岡県のそれをともに8ポイント程度上回っている。

---

[18]　当該都道府県訪問率＝当該都道府県を訪れたとした回答数÷全回答数。
[19]　回答数484の内訳は、静岡市98、浜松・浜名湖110、熱海88、伊豆半島128などである。
[20]　観光交流客数については、第1章の**表1−2**を参照されたい。

（3）伊豆東海岸地区の外国人観光客の動向

ここでは、伊豆東海岸の3市2町（熱海市、伊東市、下田市、東伊豆町、河津町）と旅館・ホテルおよび公共交通機関で構成する伊豆東海岸国際観光モデル地区整備推進協議会による外国人観光客の宿泊データ（表5－2）により、この地域の外国人観光客の動向を見ていくことにする。

図5－2は、表5－2から伊豆東海岸（全体）と主要観光地である熱海市と伊東市について外国人観光客宿泊数の推移を取り出したものである。2009年度はいずれも大きく落ち込んでいるが、それは前述した理由（金融危機を契機とする世界経済の低迷、新型インフルエンザの流行、円高の進行など）によるものと思われる。

伊豆東海岸全体としては、2008年度までは増加傾向を示しており、2008年度は2004年度の1.4倍の水準となっている。また、伊東市についてはその増加傾向が著しく、2004年度からの5年間で外国人観光客は実に2.2倍も増加した。熱海市についても、多少の増減はあるものの2004年度の数字を別にすれば増加傾向にあると言ってよく、2008年度は2005年度の1.4倍の水準となっている。

表5－2にある国別の数字からは、この地域の特徴的な動きをいくつか指摘することができる。第一に、台湾からの観光客がこの6年間常に1位であり、外国人観光客の半分近くを占めていることが分かる。しかも、そのうちの6割が伊東市に宿泊している。また、伊東市に宿泊する外国人観光客に占める台湾の割合を見ると、2004年と2005年は9割、2006年～2008年は8割前後と非常に高くなっている。[21]筆者達が行ったヒアリング調査では、この「数字の高さ」の背景としてある特定の民間宿泊施設の積極的な誘客活動の存在が指摘されている（石橋・野方［2007］184～185ページ）。

第二に、韓国およびアメリカの観光客の圧倒的多数が熱海に宿泊していることが指摘できる。前者では8～9割、後者では9割にも達するほどである。観光地としての抜群の知名度、新幹線の停車駅であり、東京から50分程度といった交通アクセスのよさなどが影響していると思われる。

第5章 伊豆地域の外国人観光客の動向と課題　149

表5－2　伊豆東海岸地区の外国人観光客

(単位：人)

年度	国	熱海市	伊東市	東伊豆町	河津町	下田市	合計
2009年	韓国	3,058	371	278	26	91	3,824
	台湾	947	8,868	3,125	492	1,470	14,902
	中国	4,615	3,085	787	242	401	9,130
	アメリカ	6,326	340	92	40	316	7,114
	その他	3,684	1,276	374	276	414	6,024
	合計	18,630	13,940	4,656	1,076	2,692	40,994
2008年	韓国	7,814	559	329	44	102	8,848
	台湾	1,491	18,260	5,303	812	4,428	30,294
	中国	5,697	3,520	1,050	450	466	11,183
	アメリカ	7,679	251	131	238	456	8,755
	その他	5,824	788	494	416	886	8,408
	合計	28,505	23,378	7,307	1,960	6,338	67,488
2007年	韓国	4,502	776	316	60	252	5,906
	台湾	1,898	15,432	3,826	284	3,403	24,843
	中国	2,575	2,483	575	185	545	6,363
	アメリカ	6,890	511	134	68	402	8,005
	その他	5,125	855	146	85	1,002	7,213
	合計	20,990	20,057	4,997	682	5,604	52,330
2006年	韓国	6,169	242	273	38	145	6,867
	台湾	2,626	14,466	3,613	320	3,319	24,344
	中国	3,285	1,798	421	187	70	5,761
	アメリカ	8,053	350	89	67	297	8,856
	その他	2,944	360	135	95	534	4,068
	合計	23,077	17,216	4,531	707	4,365	49,896
2005年	韓国	4,373	374	156	38		4,941
	台湾	3,140	15,014	6,678	320		25,152
	中国	3,765	717	246	172		4,900
	アメリカ	7,449	506	125	94		8,174
	その他	1,601	245	56	72		1,974
	合計	20,328	16,856	7,261	696	0	45,141
2004年	韓国	9,336	414	50			9,800
	台湾	6,488	9,443	6,623			22,554
	中国	4,199	285	52			4,536
	アメリカ	7,302	184	27			7,513
	その他	3,544	145	3			3,692
	合計	30,869	10,471	6,755	0	0	48,095

出所：伊豆東海岸国際観光モデル地区整備推進協議会。

図5－2　伊豆東海岸地区・熱海市・伊東市の外国人観光客

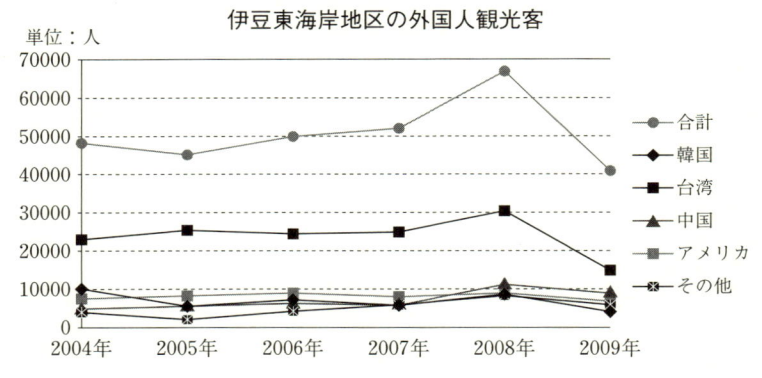

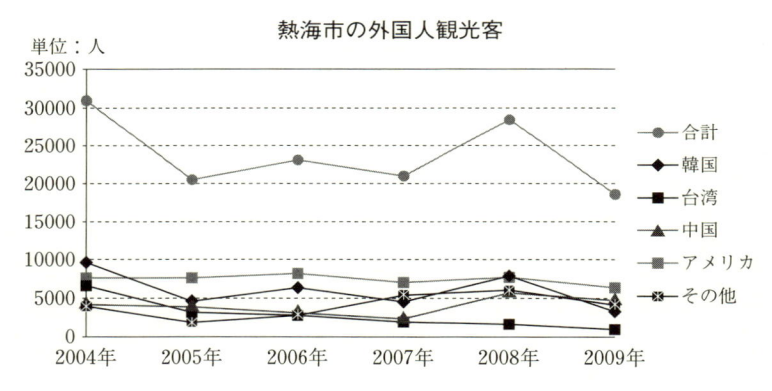

伊豆東海岸地区の外国人観光客

熱海市の外国人観光客

伊東市の外国人観光客

出所：表5－2より筆者作成。

第三に、6年間で韓国の観光客の順位やウエイトが大きく低下（2位→4位、20％→9％）したが、それとまったく対照的な動きが中国に見られることである（4位→2位、9％→22％）。また、中国の観光客の宿泊先は、当初はもっぱら熱海市であった（2009年度でも半数が熱海市に宿泊している）が、最近では伊東市の割合が高まって3割を超えるようになった。

　伊豆地域の観光客全体の動向については、第1章で見たように、観光交流客数、宿泊客数ともにここ20年間で大きく減少した。現状は、ピーク時の54％の水準である。その一方で、外国人観光客は上に見たようにここ数年着実に増加してきている。こうした傾向は伊豆地域に限ったものではなく、国レベルでも進行しているものである。それゆえ、国内観光客の減少が傾向的に続くなか、外国人客に熱い視線が送られるのも当然と言える。それに、外国人観光客を呼び込むうえで、伊豆地域、特に熱海市や伊東市といった大きな観光地には一つの有利な点がある。それを次に見ておこう。

　これまで、熱海市や伊東市では団体客向けの設備をもつ宿泊施設が多く、そのため「団体客から少人数・個人客へ」という観光ニーズの大きな変化への対応が遅れているとしばしば指摘されてきた。また、前節で見たように、外国人観光客の旅行形態も団体旅行（34.0％）から個人旅行（63.8％）へと進行してきた背景があるが、東アジアの国のなかには団体旅行の比率が依然として高い国がある。中国と台湾であり、それぞれ76.7％、55.0％となっている（JNTO [2010] 36ページ）。したがって、中国や台湾の観光客のニーズと熱海市や伊東市の宿泊施設とのマッチングが期待できるのである。

　表5-2にあるように、伊豆東海岸地区の台湾および中国の観光客の割合は約6割もあり、数のうえでも1位と2位を占めているが、その理由の一端がこうしたマッチングのよさにあると言える。

---

(21) 地理的に伊東市の南に位置する東伊豆町や下田市についても、伊東市と同様台湾人観光客の割合が高い。これは、伊東市に宿泊した台湾人観光客が南に足を伸ばした結果と考えられる。この点については野方 [2006] を参照。

4 ● 外国人観光客の受け入れをめぐる課題

　前節では、静岡県および伊豆東海岸地区の外国人観光客の動向を検討し、中国や台湾の観光客の旅行形態と熱海市や伊東市の宿泊施設との間にマッチングのよさがあることを指摘した。ここでは、その検討を踏まえて、外国人観光客の受け入れに関する課題を中心として、海外への情報発信の問題などについても検討していきたい。

　まず、伊豆地域が外国人の観光客にどのように受け取られているかを、旅行ガイドブック『Lonely Planet Japan10th ed』（2007年、全868ページ）を手掛かりにして見ていく。伊豆地域は、「東京周辺」のうちの「西部」として、富士山周辺、箱根と並んで紹介されている。東京から南西100kmの静岡県にあり、黒船などの歴史をもち、豊かな緑に恵まれ、起伏に富んだ海岸線、豊富な温泉、干物（sun-dried fish）、ミカン、ワサビなどで有名な旅行先として紹介されている。具体的に紹介されている観光地としては、熱海、伊東、下田、下田周辺、松崎、堂ヶ島、修善寺温泉である。

　先に掲載した表5-1にある訪日動機と照らし合わせると、伊豆地域は外国人観光客が期待するほとんどすべての観光資源を備えていると言ってよい。しかし、外国人観光客が観光先を選ぶ基準として重視するのは、観光資源の有無だけではない。受け入れ態勢が整っているか否かも重要なポイントとなる。第2節で見たように、東京や大阪などの大都市圏で外国人の延べ宿泊者数や訪問率が高い理由の一つは、受け入れ体制が整っているからである。そこで、以下では外国人観光客の受け入れ態勢に関わる問題について検討していきたい。

『Lonely Planet Japan』(10th ed)

（1）外国人観光客の受け入れ状況と問題点

　静岡県が県内の宿泊施設を対象に行った外国人観光客の受け入れに関する調査（静岡県［2009］）によりながら、伊豆地域を中心とした外国人観光客の受け入れ状況について見ていこう。[24]

　伊豆地域について外国人観光客の受け入れ状況を見ると、「受け入れている」が62.4％（県全体では54.7％、以下カッコ内は県）、「今は受け入れていないが、今後は受け入れたい」が6.5％（7.3％）、「今は受けれていないが、施設の態勢が整えば受け入れたい」が10.2％（12.8％）、「今は受け入れていないし、今後も受け入れる予定はない」が20.2％（24.5％）である。受け入れを前向きに検討している施設を含めると、伊豆地域では80％が、静岡県全体では75％が受け入れに肯定的である。また、前回調査（2004年度）と比べると、伊豆地域では「受け入れている」が8.7ポイント増、「受け入れる予定はない」が1.6ポイント減となっている（県全体では、おのおの11.0ポイント増、6.4ポイント減）。[25]伊豆地域、静岡県全体ともに、宿泊施設が外国人観光客の受け入れに前向きであると読み取ることができる。

　もっとも、熱海市の宿泊施設などを調査してみると、規模の大きいところは宿泊設備とのマッチングもあって受け入れに積極的であるが、規模の小さい宿泊施設では、受け入れてはいるが「様子見」の態度であったり、「二番手でよい」とする考えに終始するところも多い。[26]外国人観光客の誘客を考える場合、

---

[22] この旅行ガイドブックは、観光庁の訪日客調査によれば、訪日前に得た旅行情報で最も役立ったものである（観光庁［2011a］20ページ）。
[23] 観光地のなかでは特に下田が詳細に（市内地図付きで）説明されており、伊豆地域の説明全8ページのうち5ページが割かれている。ちなみに、修善寺温泉が1ページ、熱海や伊東は半ページ程度の説明である。
[24] この調査での県内対象施設数は1,830、有効回収数は718（回収率39.2％）である。なお、伊豆地域の宿泊施設は全体の56％を占めている。
[25] 2004年度の調査については、SRI［2006］185～190ページを参照。
[26] 石橋・狩野・野方・大脇［2010］では、熱海市のヒアリング調査でこの点を明らかにしている。

宿泊施設側の受け入れ実態が意外に多様であることを認識しておく必要がある。

静岡県全体について、「受け入れている」と「今は受け入れていないが、今後は受け入れたい」と回答した宿泊施設が挙げた外国人観光客の受け入れにあたっての問題点（複数回答）を見ると、「外国語対応が出来ない（人材、パンフレットなど）」52.8％、「海外エージェントなどとのコネクションがない」31.5％、「精算方法に不安がある」25.8％、「施設が外国人向けではない」24.3％の順になっている。また、「今は受け入れていないが、施設の態勢が整えば受け入れたい」と回答した宿泊施設に「どのような条件が整えば受け入れられますか」（複数回答）という質問をしたところ、「外国語が出来る人材」68.5％、「外国人向けのパンフレットや施設案内の作成」48.9％、「外国語対応を支援する人材やシステムの活用」38.0％という回答があり、上述の問題点の1位である「外国語対応が出来ない」とほぼ重なるものとなっている。

他方、「受け入れる予定がない」と回答した宿泊施設に「受け入れない大きな理由は何ですか」と質問したところ、「外国語対応が出来ない（人材、パンフレットなど）」65.3％、「施設が外国人向けではない」61.9％、「外国人向けのサービスが出来ない」43.2％という回答となり、ここでも外国語対応の問題が大きな理由として挙げられた。

このように、受け入れの意向の有無に関わらず外国語対応を含めた人材の問題は、外国人観光客の問題を考えるときには避けて通ることができない問題となっている。以下では「外国語対応」という言葉を、外国語会話といった狭い意味ではなく、海外のエージェントとのやり取りや海外への情報発信も含めた「コミュニケーション能力」という意味で使うことにする。

外国語対応をこのように広義に捉えた場合、個別の宿泊施設が自前でこうしたコミュニケーション能力をもつ人材を養成することは、能力・費用の両面において手に余るであろう。仮に、自前での養成が可能であったとしても、コミュニケーション能力は属人的性質が強いと考えられるため、養成した人材が別の宿泊施設などに引き抜かれるといった可能性（リスク）がある。そのため、人材を養成すること自体が個別の宿泊施設にとっては採算の取れない行為とも

第5章　伊豆地域の外国人観光客の動向と課題　155

考えられる。

　こうした点を考慮すると、個別の宿泊施設に代わって人材養成を担う別の組織が必要となる。そのような組織としては、宿泊業者の集合体であるホテル・旅館組合、観光関連業者からなる観光協会、あるいは市町村などの行政が該当する。外国語対応という点でこれらの組織が果たすべき役割のうち、行政に関するものについて以下で触れることにする。

　行政の外国語対応事業というと、外国語講座や外国人向けのマナー教室などを連想しがちだが、筆者達がこれまでに行ってきた伊豆地域のヒアリング調査では、こうしたことに関する行政への要望はほとんど聞かれなかった。むしろ、個別レベルでは出来にくい外国人向けの情報発信やインフラ整備などへの期待がしばしば語られた。多言語対応の観光ホームページの作成、多言語の観光ガイドの制作、海外メディア・エージェントの招聘と旅行ルートづくりへの支援、知名度向上のための海外PR（海外の旅行博覧会への出展など）、市街地の観光案内表示の多言語化などがその一例である。次項でも触れるが、外国人観光客による訪日旅行情報の入手がインターネットというメディアに移行しつつある現在、インターネットによる情報発信は急務の問題と言える。

外国人観光客向けのおもてなしハンドブック　　　3か国語対応観光ガイド

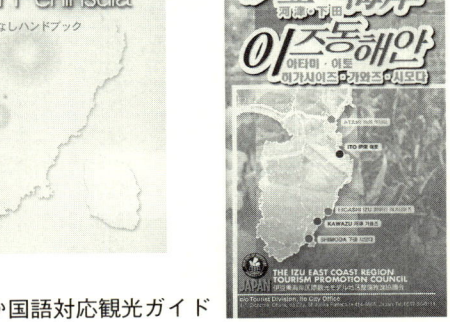

(2) 情報の発信

　情報を受け取る側の外国人観光客から見た有益な観光旅行情報を「訪日外国人消費動向調査」（観光庁［2011a］）によりながらまとめておく。**図5－3**は、外国人旅行者が訪日前に得た情報の入手手段を見たものであるが、ここから外国人観光客に情報を発信するうえで重要な点を幾つか見いだすことができる。

　第一に、一見して明らかなのはホームページを含めたインターネットによる情報の入手が大きな役割を果たしていることである。「その他インターネット」が30.9％、「個人のブログ」が19.9％と1位と2位を占め、各種ホームページも10％台の数字を記録している。しかも、インターネットによる情報入手は、国籍を問わず一般的に行われていることである（観光庁［2011a］20～21ページ）。先ほど述べたように、インターネットによる多言語の情報発信が急務の問題であるということが理解されよう。

　第二に、個人のブログ19.9％、日本在住の親族・知人19.8％、自国の親族・知人16.4％という数字が示すように、「口コミ」が重要な情報入手手段となっている。ただし、資料としては示してないが、ここに挙げた三つのタイプの口コミのウエイトは国によって異なる。例えば、韓国や台湾では個人のブログの役割がそれぞれ33.2％、31.8％と大きいのに対して、アメリカや中国ではそれぞれ10.0％、13.2％と低い数値となっている。ちなみに、アメリカでは日本在住・自国在住の親族や知人からの情報入手が大きくなっている（39.9％、24.9％）。なお、本章の議論の対象外である国内の日本人観光客にとっても、やはり口コミが有力な情報入手の手段になりつつある[27]。

　口コミは本人の観光体験をもとにして語られるものであるから、第1章の末尾で触れた「観光の質」はその内容に大きく影響することになる。この意味で、観光の質をどれだけ向上させることができるかという問題は、外国人客を含めた観光客を誘客するうえでも重要なポイントになる。

　最後に、従来の代表的な情報入手手段であった旅行ガイドブックについて触れておこう。先ほど紹介した代表的な旅行ガイドブックである『Lonely Planet

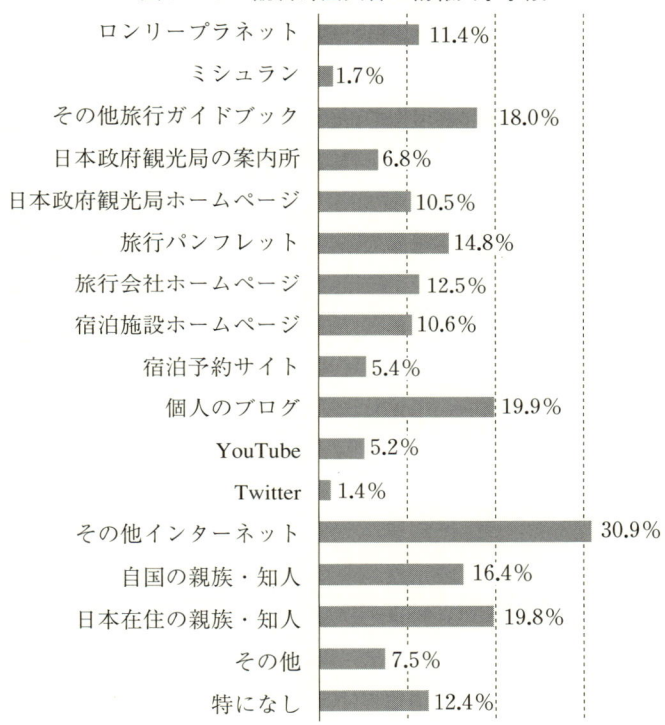

図5－3　訪日外国人客の情報入手手段

- ロンリープラネット　11.4%
- ミシュラン　1.7%
- その他旅行ガイドブック　18.0%
- 日本政府観光局の案内所　6.8%
- 日本政府観光局ホームページ　10.5%
- 旅行パンフレット　14.8%
- 旅行会社ホームページ　12.5%
- 宿泊施設ホームページ　10.6%
- 宿泊予約サイト　5.4%
- 個人のブログ　19.9%
- YouTube　5.2%
- Twitter　1.4%
- その他インターネット　30.9%
- 自国の親族・知人　16.4%
- 日本在住の親族・知人　19.8%
- その他　7.5%
- 特になし　12.4%

出所：観光庁（2011）、20ページ。

Japan』は11.4％であり、情報を入手するうえでそれほど大きな役割を果たしていないように見える。しかし、この数字を文字通りに受け取り、旅行ガイドブックの役割の低下に即座に結び付けることには問題がある。通常、インターネットで旅行情報などを入手しようとする場合、直ちにインターネット検索（以下、ネット検索）を始めるのではなく、予め旅行ガイドブックなどで「当たり」を付けてからネット検索をするのではないだろうか。そうであれば、旅行ガイドブックの果たしている役割は、結果的に過小な数値として表れること

---

(27) 石橋・狩野・野方・大脇［2010］では、インターネットによる口コミに伴って生じてきた新たな問題（「（モンスター）クレーマー」）も紹介されている。

になる。したがって、先ほど触れた「観光の質」を高めるという点で、旅行ガイドブックに紹介されている内容を第3者による客観的な評価として受け入れ、それに対応した行動をとるといった姿勢が大切になる。

「訪日外国人消費動向調査」では、日本滞在中に得た旅行情報で「役立ったもの」および「あると便利なもの」（いずれも複数回答）についても尋ねている。前者では、インターネット（パソコン）が45.0％と圧倒的に高く、次いで観光案内所（空港除く）21.3％、日本在住の親族・知人21.2％、宿泊施設19.8％、空港の観光案内所19.5％などが続いている。後者では、交通手段54.8％が半数以上を占め、宿泊施設36.2％、飲食店35.8％、観光施設29.7％、買物場所29.4％などが主なものとして挙がっている。ここでも、行政の役割として重要なのは、前項で見た観光案内所の整備や多言語による交通手段の表示や案内、多言語による飲食・施設・買物などのガイド案内（パンフレットの作成）などである。

5 ◉ 大交流時代の観光──むすびに代えて

　現代の経済を特徴づけるキー・ワードの一つに「グローバル化」という言葉がある。経済のグローバル化とは、経済活動が国境を越えて地球的規模にまで拡大するということであるが、それはモノやカネだけに留まらず、ヒトの動きも国境を越えて活発化するということである。したがって、経済のグローバル化は地球規模でヒトの交流が盛んになること、いわゆる「大交流時代」の到来を意味する。それゆえ、観光を考える場合も「大交流時代の観光」という視点が欠かせない。

　ところで、観光の語源は五経の一つ『易経』にある「国の光を観る」にあると言われ、国が光り輝いていることを見てもらうという意味である。[28]経済のグローバル化以前であれば、「国の光を観（み）る」とは、日本を訪れる外国人に日本のよいところを知ってもらうということでよかったかもしれない。しかし、「大交流時代」は相互の交流が大きく拡大するということであるから、お

互いをきちんと理解するということが並行して進んでいかなければならない。この相互理解の促進という点で、観光は一定の役割を担うことができるのではないかと思われる。以下、この点に触れて本章を終わることにする。

相互理解のためには、日本のよいところを知ってもらうと同時に外国のよいところを知らなければならない。(29)観光について言えば、前者は外国人による訪日旅行（以下、インバウンド）、後者は日本人による海外旅行（以下、アウトバウンド）ということになる。これまでのインバウンド、アウトバウンドの推移を見ると、1970年頃に両者の逆転が起こり、それ以降アウトバウンドが急速な増加を示してインバウンドとの差が拡大した。

例えば、アウトバウンドのピークは2000年の1,782万人であるが、この年のインバウンドは476万人とアウトバウンドの25％ほどでしかない。2000年以降、アウトバウンドの停滞とインバウンドの増加によって両者の差は縮小したが、2010年においてもインバウンドはアウトバウンドの半分ほどである。相互理解をこうした数字の比較で論じるのは単純すぎるという批判もあろうが、こうした数字に示された傾向が続けば相互理解に偏りが生じ、正しい相互理解に歪みをもたらすという可能性が生じることになる。

こうした観点から見ると、第1節で取り上げた2003年以降に積極的に展開されているVJCや、2009年に提示された「訪日外国人3,000万人プログラム」に代表される「観光立国」という政策には、もう一つの意味があることが見えてくる。(30)すなわち、外国人観光客という「外需」を取り込むことによる量的効果に加えて、相互理解の促進という質的効果が期待できるということである。観光立国をめぐる議論を見ていると、往々にして前者のみに焦点が当てられがちであるが、後者の質的側面もあることに留意しつつ政策を進める必要があるのではないだろうか。

---

(28) 例えば、岡本［2001］6〜7ページを参照。
(29) 自他の悪いところを知ることも相互理解においては不可欠である。
(30) 注4で指摘しておいたように、「観光立国推進基本計画」では2010年までに外国人観光客を1,000万人にすることと並んで、日本人の海外旅行者を同年までに2,000万人にする目標が挙げられている。

| コラム | 芸妓文化――少し変わった観光資源 |

湯めまちをどり華の舞

　最近、伊豆地域で新たな活用が図られている、少し変わった観光資源を紹介しよう。それは、温泉文化、特に踊りやお座敷遊びなどに代表される芸妓文化を通じて観光客に「湯の町風情」を楽しんでもらおうという試みである。
　熱海にはかつて300軒の置屋と1,500人以上の芸妓がいたというが、現在では100軒程度、250人程度にまで大きく減少している。それでも熱海は日本有数の「芸妓の町」であり、町中には置屋の組合である「熱海芸妓見番歌踊練場（芸妓見番）[31]」があり、芸妓の踊りの練習場にもなっている。毎年4月28日・29日の2日間、この芸妓見番で芸妓の厳しい修練の成果である「熱海をどり」が披露されているが、京都の「都をどり」や東京新橋の「東をどり」と並び称されるほどの盛況を博している。また、毎週土・日には三味線・太鼓などの七つ道具を用いた芸妓による「湯めまちをどり華の舞」を観ることができ、熱海の新しい観光スポットとして人気を集めている。
　一方、伊東では、昭和初期に建てられた木造3階建ての

東海館

日本旅館「東海館」を校舎にして、芸妓が「教授」を務める「伊東温泉お座敷文化大学」[32]が開講されている。この「大学」では、芸妓の作法やお座敷芸を通じて芸妓文化を肌で感じることを目的に、2学部5コースが用意されている。お座敷でのエチケット、芸妓のメークアップや芸妓衣装の着付けをはじめ、盛りだくさんのメニューが用意されており、日本人観光客だけでなく訪日・在日の外国人もターゲットにした取り組みが進行している。

そして、伊豆長岡（伊豆の国市）には、かつて日本全国では京都とここにしかなかった芸妓養成所（学校として認可されている）が所在したという芸妓の歴史がある。新幹線開業時（1964年）には400人ほどいた芸妓は現在40人ほどにまで減っており、熱海と同様、芸妓文化を取り巻く情勢には厳しいものがある。それでも、伊豆長岡見番では師匠のもと厳しい修練が積まれており、これまでは大きなステージで行っていた「芸妓まつり」をホテルの大広間でチェックアウト後に行ったり、踊りのあとに見物客とお座敷遊びをしたりといった新たな趣向が始められている。伊豆の国市の観光ポスターには、「ただいま『芸者応援団』募集中」とある。

伊豆の国市の観光ポスター

---

(31) 熱海市中央町17-13　TEL：0557-81-3575
(32) 伊東市松原町12-10　TEL：0557-36-2004

第6章
狩野　美知子

熱海市の観光──データ分析から[1]

貫一お宮の像

1 ● 利用データ——「熱海市観光客動線調査」の個票データ

　現在、日本各地では観光による地域経済の活性化に取り組んでいるところが多く、大小の様々な自治体で観光客の実態調査が行われている。質問票（アンケート）形式に代表されるこのような実態調査の実施はかなりのコストがかかるが、それらの多くは質問票の単純集計を行い、簡単な考察を行う程度に留まっている場合が多い。つまり、得られたデータを十分に活用しきれていないというのが現状であろう。

　こういった実態調査の場合、質問票には、居住地、性別、年齢、職業といった基本的な属性や、来訪の交通手段、来訪のきっかけや目的といった情報が含まれている場合が多いわけだが、これらの基本的な情報を活用して来訪者の特性を分析し、効果的な宣伝方法や着地型の観光商品の造成、およびまちづくりといった観光戦略を考える際に役立てることはできないものだろうか。このような問題意識のもと、本章では筆者らが熱海市から委託を受けて行った「熱海市観光客動線調査」の個票データをもとにχ^2値による独立性の検定を行い、熱海市を訪れる観光客の特性の分析を試みることにする。

　調査は、2008年度、2009年度、2010年度と 3 回にわたり、いずれも熱海梅園での「梅まつり」開催中の 1 月末に、梅園、起雲閣、海岸堤防、駅前の 4 か所で調査員による質問票形式で行われた。有効回答は、2008年度が590枚、2009年度が538枚、2010年度が548枚であった。ただし、熱海市を訪れる観光客は、東京都と神奈川県からが50％強を占め、これに静岡県、埼玉県、千葉県を加えると90％弱になるため、これら 5 都県からの観光客に絞って分析を行った。なぜなら、これらの地域に絞って分析を行うほうが熱海市の観光戦略を考えるうえでより効率的であると考えたからである。したがって、分析に使用した有効回答は上記のものより少なくなっている。

　熱海市の観光客の特性としては、前述のように首都圏からの観光客が非常に多いことのほかに、年度により多少変動があるものの、訪問回数 5 回以上とい

起雲閣の外観　　　　　　　熱海市の親水公園

うヘビー・リピーター（常連）が過半数を占めること、そして50代以上の訪問者が全体の約60％を占めていることが挙げられる。これらのことから分析は、訪問歴と年代に焦点を当て、それぞれどのような特性があるのかを抽出するために行った。

訪問歴の回答には、「はじめて、2回目、3回目、4回目、5回以上」の五つの選択肢が用意されていたが、本章では訪問歴を「初訪」、「再訪」、「常連」の3種類に分類する。ちなみに、「再訪」は2回目と3回目の選択肢を選んだ人とし、「常連」は4回目と5回以上を選んだ人とする。広義には、2回目以上の訪問者はリピーターと捉えることができるが、定期的に訪れる人を「常連」と考え、4回目以上を「再訪」と区別した。

年代の回答は、「10代、20代、30代、40代、50代、60代、70代以上」の選択肢から選ぶ形式となっていた。しかし、10代の有効回答は2008年度が8枚、2009年度が4枚、2010年度が9枚と少ないため、10代と20代を合わせて一つの年代

(1) 本章は、狩野（[2011a]、[2011b]）の内容に加筆修正を行い、再構成したものである。
(2) 筆者の身近なところでは、熱海市のほか、伊東市、下田市、静岡県などで行われている。
(3) 静岡大学人文学部野方宏教授と筆者との共同で行った。
(4) 詳細は、熱海市観光戦略室［2009］、熱海市観光戦略室［2010］および熱海市観光企画室［2011］を参照されたい。
(5) 年度により東京都と神奈川県の順位は入れ替わっている。2010年度の場合、多い順に、神奈川県30％、東京都28％、静岡県14％、埼玉県8％、千葉県8％となっており、これら5都県からの観光客は全体の88％となっている。

として扱った。

　以下では、まず熱海市の観光動向の概要を述べ、続く節において観光に関連して行われた質問票調査の分析方法についての説明と分析結果を示していきたい。

2 ⦿ 熱海市の観光動向の概要

　熱海市は伊豆半島の玄関口に位置し、人口は39,702人（2011年8月現在）である。昔から温泉地として有名であり、観光は市の主要な産業となっている。市内には、熱海温泉（中心市街地エリア）、南熱海温泉（網代・伊豆多賀エリア）、伊豆山温泉、伊豆湯河原温泉（泉地区）の四つの温泉場があり、約半数にあたるホテル・旅館が熱海温泉に集中している。この熱海温泉の宿泊施設が、ここ30年間に半数以下まで減少しているのは第2章で見た通りである。

　図6-1は、熱海市における観光客数の推移を表したものである。まず、宿泊客数の推移を見ていこう。

　宿泊客数で見ると、1991年度までは400万人台、1992～2001年度までが300万人台と徐々に減少し、2002年度以降280～290万人前後で推移している。そして、2009年度は282万人で、ピーク時（1990年度452万人）の3分の2弱の水準となっている。

　次に観光レクリエーション客だが、1988年度に390万人であったものが

温泉たまごが作れる小沢の湯（熱海市七湯）

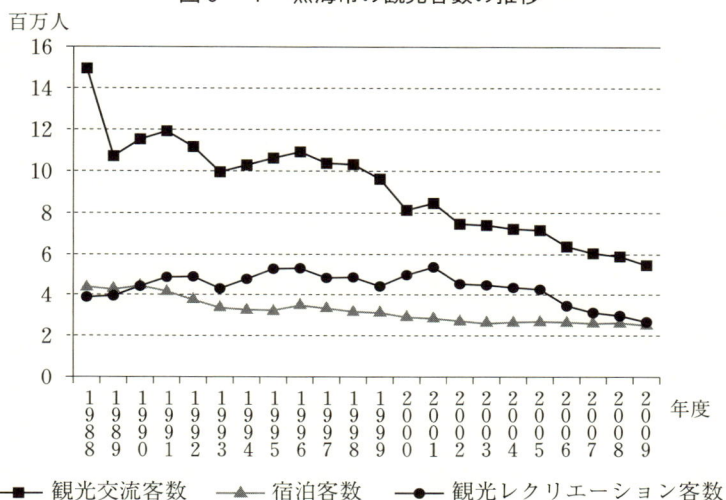

図6-1　熱海市の観光客数の推移

（縦軸：百万人、0〜16）
（横軸：年度、1988〜2009）

凡例：━■━ 観光交流客数　━▲━ 宿泊客数　━●━ 観光レクリエーション客数

出所：『平成21年度静岡県観光交流の動向』（静岡県観光政策課）より。
（注1）観光交流客数は、1997年度までは「観光客入込統計」の観光入込客数であり、1998年度からは調査対象および集計方法を変更している。
（注2）観光交流客数は、2000年度以降は、宿泊施設利用客数のうち日帰り（休憩）客数を含まない。

多少の増減を繰り返しながら1996年度には543万人となった。その後、500万人前後で推移し、2001年度に550万人とピークを迎えたが、その後徐々に減少し、2009年度は284万人と、ピーク時のほぼ半分となっている。

　最後の観光交流客数（宿泊客数＋観光レクリエーション客数）は、1998年度までは1,000万人台を保ってきたが、その後の減少により、2009年度では約566万人とピーク時（1988年度、約1,500万人）の3分の1強の水準となっている。静岡県全体の観光交流客数が2002年度以降増加の傾向にあることから考えると相対的に地盤沈下しているようにも見えるが、これらの数値は1989年度、1991年度、1998年度、2000年度、2009年度と人数算定の基準が変更されているため単純に比較をすることができない。そのため、ここでは大まかな推移を表すものとして考える必要がある。

3 ⊙ 従来の観光に関する質問票(アンケート)調査

　最初に述べたように、各地で定期的に行われている観光客を対象とした実態調査は、単純集計で終わっているものが多い。そこで、ここでは観光に関連して行われた質問票調査を、訪問歴と年代に着目して分析したものについて見ていくことにする。

　「リピーター観光客育成に向けた観光プロモーション策」（岡村他［2007］）という論文では訪問歴に着目し、初訪者とリピーターの旅行目的の違いが分析されている。この論文では、関西地域に関して行われた質問票調査のデータをもとに二項ロジットモデル[6]を使い、15個の旅行目的を「被説明変数」とし、旅行者の属性、旅の特性および訪問回数などを「説明変数」として回帰し、訪問回数によって旅行の目的が変わることを明らかにしている。

　これによると、観光客は訪問回数が増えるにつれて、当初の有名スポットの観光から温泉を含む宿泊施設、自然景観、祭りやイベントを楽しむ旅行へと関心が移っていくことが示されており、リピーター獲得のためには、「宿泊施設の充実を図り、既存の観光資源と組み合わせて、その土地の新たな魅力を開発する」（岡村他［2007］10ページ）必要があると述べられている。

　ただし、ここでの質問票調査は、コストを考慮し、実際の観光客へのアンケートではなく国内の旅行会社や観光局を対象に行われ、旅行者の属性、旅行の形態、目的などの要素を踏まえて、「関西を訪問する観光客にどのような観光プランを提案するか」といった質問となっている。したがって、質問票調査で得られた質的データを数値化して捉える試みは評価できるが、データから得られる結果は供給サイドが意図した旅行目的の違いであり、需要サイドからの実際の旅行目的とは異なることが考えられる。

　一方、年代に着目したものとして、アメリカの調査報告がある。ホテル経営学とマーケティングの専門家で、ヒューストン大学の教授であるシューメイカーは、年代のなかでも55歳以上をシニア市場と定義し、このシニア市場をセ

グメント化するために、ペンシルバニア州に住む55歳以上の人に質問票調査を実施した。その回答結果を、性別、年齢、職業といった属性、旅行回数、交通手段、旅行費用、旅行期間といった旅行行動および旅行理由で単純集計したのち、旅行理由を軸にクラスター分析を行って三つのクラスター群に分けている。さらに、三つのクラスター群を「グループ変数（被説明変数）」とし、回答者の旅行に求める便益、旅行行動などを「説明変数」として判別分析を行い、各クラスターに含まれる回答者のプロファイリングを行っている（Shoemaker [1989]）。

しかしここでは、旅行理由の選択肢に「重要でない」から「非常に重要である」の5段階の順序尺度を用いているため、「熱海市観光客動線調査」のように旅行理由（目的）を複数回答の名義尺度で回答する場合は、同様の分析方法をそのまま用いることができない。

本章では、比較的単純な回答方法となっている実態調査における質問票調査の結果を用いて、アンケートから得られた質的データを数値化して捉え、訪問歴と年代に着目して各セグメントの特徴を捉えることを目的としている。

なお、『はじめよう観光地づくりの政策評価と統計分析』（土居他 [2009]）では、2003年に実施した「伊豆半島に関するアンケート調査」をもとに観光客から見た伊豆半島の分析を行っている。ここでは、コンジョイント分析[7]という手法を使っているために、一般的に行われている実態調査で得られる回答に利用することはできないが、熱海を含む伊豆半島に関しては、東京都、千葉県、埼玉県、神奈川県の居住者にアンケート調査を実施しているため熱海市の観光

---

[6] 第7章でこのモデルを使ってロジスティック分析を行っているので、その手法については第7章を参照されたい。
[7] マーケティング・リサーチの代表的な手法の一つであり、消費者の好みを知るためのものである。まず、商品を構成する魅力の要素を属性で表し、その属性の内容を水準で表す。この属性と水準を組み合わせて幾つかの仮想商品をつくる。様々な組合せの仮想商品を回答者に提示し、優先順位や点数をつけて好みを回答してもらう。その結果（効用値）から何をどれだけ重視して購買の意志決定をするのか把握するというもので、消費者の好みを把握して満足度が最大になる商品の開発に役立てることを目的としている。

熱海市のサンビーチ

を考えるうえで参考となるので、その結果について触れておくことにする。

　一般的に、観光地選択の基準で重要なことは、温泉の有無（35％）、観光地の雰囲気（18％）、宿泊料金（13％）という結果であった。伊豆半島のイメージについては、温泉が豊富（72％）であり、海・山の自然景観が楽しめる（43％）、海・山の幸を味わえる（42％）、気軽に行ける（27％）となっている（土居他［2009］154〜178ページ）。これらを「2010年度熱海市観光客動線調査」の熱海を訪問先に選んだ目的で見ると、温泉67％、景色・自然30％、料理・味覚21％、交通の便28％となっており、相対的に料理・味覚が低めの結果となっている。

4 ◉ 分析方法

　3回の調査結果から、熱海市を訪れた観光客の全体としての特性は、「職業、旅行形態、熱海までの交通手段、旅行のきっかけ、旅行目的」の順に、「勤め人、2人連れ、JR利用、前回来てよかったから、温泉目的」が最も多いこと

が分かっている。このような特性に、訪問歴や年代によって違いがあるのだろうか。あるとすれば、どのようなものであろうか。本章では、これらの点について分析を行っていく。

初めに訪問歴と年代に着目し、個票データからこれらの質問項目に関するクロス集計表を作成した。[8]次に、これらのクロス集計表のなかから各質問項目について、訪問歴あるいは年代で傾向に違いがあるかどうかについて、独立性のχ^2検定を行って調べた。[9]

検定の結果、各質問項目の選択肢が、訪問歴あるいは年代の各項目に依存している（＝独立していない）という結論が得られた場合は、さらに調整化残差[10]を求めて依存の度合いを調べた。つまり、依存の度合いが強いということは、訪問歴あるいは年代による傾向の違いを表すことになる。

この調整化残差は、その算出の方法から、平均０、標準偏差１の正規分布に近似的に従うという性質をもつので、絶対値が概ね1.65以上のものを特徴的な箇所と見なすことができる。[11]この特徴的な箇所に注目し、特性の分析を行ったわけである。

---

(8) 作成したクロス集計表は狩野［2011b］に掲載されているので、そちらを参照されたい。
(9) Ｌ行Ｍ列の分割表において、ｉ行目の実測度数の合計を$N_{i\cdot}$、ｊ列目の実測度数の合計を$N_{\cdot j}$、実測度数の総合計をＮ、ｉ行ｊ列目の実測度数をf_{ij}、期待度数をt_{ij}とすると、

$$t_{ij} = \frac{N_{i\cdot} \times N_{\cdot j}}{N}$$

$$\chi^2 = \sum_i \sum_j \frac{(f_{ij} - t_{ij})^2}{t_{ij}} \quad \text{で求められる。}$$

また、このときの自由度は（Ｌ－１）×（Ｍ－１）で求められ、χ^2値と自由度からｐ値が得られる。このｐ値から有意水準が判断でき、本章では10％以下を有意であると捉えている。
(10) 標準化残差をe_{ij}とすると、

$$e_{ij} = \frac{f_{ij} - t_{ij}}{\sqrt{t_{ij}}}$$

e_{ij}の分散をV_{ij}、調整化残差をd_{ij}とすると、$d_{ij} = \frac{e_{ij}}{\sqrt{V_{ij}}}$ で求められる。
(11) 標準正規分布における両側検定で、この調整化残差の絶対値が1.65以上のものは有意水準10％のもとで有意な差が認められ、1.96以上のものは有意水準５％のもとで有意な差が認められるということになる。

表6-1　期待度数

選択肢	初訪	再訪	常連
10代・20代	10	17	46
30代	9	15	43
40代	10	17	46
50代	16	28	77
60代	16	28	77
70代以上	7	12	34

出所：『熱海市観光客動線調査』の2008年度個票データより筆者算出。

例えば、2008年度の年代による訪問歴の違いは、クロス集計表の冒頭部分のデータが実測度数となり、それから期待度数を求めると表6-1のようになる。これらの実測度数と期待度数からχ^2値を求めると、120.43となる。この時の自由度は10であるからp値は0.00となり、有意水準1％のもとで有意な差が認められ、「年代は訪問歴によって違いがある」という結果が得られる。そこで、調整化残差を求めて、「初訪」、「再訪」、「常連」ごとにどのような年代の違いがあるのかを分析した。

なお、旅行の目的のみ「複数回答可」となっているが、回答数の度数をそのまま使用して分析を行っている。ただし、旅行目的の選択肢のなかで「マリンスポーツ」、「スポーツ施設」、「体験型観光施設」の三つはいずれも回答数が少なく、全体でも回答数が一桁となっているため「その他」のなかに含めて分析を行った。

また、熱海市までの交通手段の選択肢で、2010年度は「路線バス」の選択肢をなくしたため、2008年度と2009年度の選択肢も「路線バス」と「観光バス」を合算し、一つの選択肢として扱った。

5 ● 分析結果

表6-2および表6-3は、χ^2検定の結果を一覧にまとめたものである。その検定結果から違いがあると判断されたものについて、調整化残差により抽出される特性を見ていこう。

表6-2 訪問歴のχ^2検定結果

		有効サンプル数	自由度	χ^2値	p値	違いの有無
2008年度	年代	506	10	120.43	0.00***	○
	職業	505	10	64.13	0.00***	○
	旅行形態	505	8	9.15	0.33	×
	熱海までの交通手段	505	6	4.88	0.56	×
	旅行のきっかけ	493	16	64.08	0.00***	○
	旅行の目的【複数回答：回答数による】	1098（回答者数:506）	18	33.58	0.01***	○
2009年度	年代	469	10	83.68	0.00***	○
	職業	467	10	35.29	0.00***	○
	旅行形態	467	8	4.78	0.78	×
	熱海までの交通手段	469	6	6.14	0.41	×
	旅行のきっかけ	463	16	66.47	0.00***	○
	旅行の目的【複数回答：回答数による】	962（回答者数:469）	18	13.51	0.76	×
2010年度	年代	482	10	117.84	0.00***	○
	職業	474	10	52.24	0.00***	○
	旅行形態	481	8	6.10	0.64	×
	熱海までの交通手段	482	6	9.14	0.17	×
	旅行のきっかけ	474	16	83.80	0.00***	○
	旅行の目的【複数回答：回答数による】	1030（回答者数:482）	18	20.46	0.31	×

出所：『熱海市観光客動線調査』の各年度個票データより筆者算出。
注：***は1％有意、**は5％有意、*は10％有意。

（1）訪問歴で見た特性

　訪問歴と年代の関係を2008年度で見ると、「初訪」も「再訪」も10代・20代が最も多く（「初訪」、「再訪」の調整化残差は、順に7.96、2.27。以下、カッコ内の数値は調整化残差を示す）、次いで30代（「初訪」2.69、「再訪」2.07）となっている。「常連」は50代（1.73）、60代（3.47）、70代以上（4.91）と、年齢が進むと多くなる傾向にある。2009年度は、「常連」に50代が少ない（△

表6-3　年代の χ^2 検定結果

		有効サンプル数	自由度	χ^2 値	p 値	違いの有無
2008年度	職業	505	25	330.92	0.00***	○
	旅行形態	505	20	20.12	0.45	×
	熱海までの交通手段	505	15	29.03	0.02**	○
	旅行のきっかけ	493	40	56.75	0.04**	○
	旅行の目的【複数回答：回答数による】	1098（回答者数：506）	45	94.70	0.00***	○
2009年度	職業	467	25	260.46	0.00***	○
	旅行形態	467	20	51.76	0.00***	○
	熱海までの交通手段	469	15	24.27	0.06*	○
	旅行のきっかけ	463	40	68.56	0.00***	○
	旅行の目的【複数回答：回答数による】	962（回答者数：469）	45	76.82	0.00***	○
2010年度	職業	474	25	307.89	0.00***	○
	旅行形態	481	20	73.27	0.00***	○
	熱海までの交通手段	482	15	21.08	0.13	×
	旅行のきっかけ	474	40	60.98	0.02**	○
	旅行の目的【複数回答：回答数による】	1030（回答者数：482）	45	71.06	0.01***	○

出所：『熱海市観光客動線調査』の各年度個票データより筆者算出。
注：***は1％有意、**は5％有意、*は10％有。

0.14) ものの、ほぼ2008年度の結果に準じている。そして、2010年度は、「初訪」は10代・20代（6.02）、40代（2.56）、30代（1.91）の順に多く、「再訪」は30代（3.90）が特徴的で、「常連」は2008年度と同様に50代（2.78）、60代（4.95）、70代以上（4.97）と、年齢が進むと多くなっている。一般的に、年齢が増えるにつれて旅行経験が増加することを考えると、これらは当然の結果とも言える。

職業については、2008年度の場合、「初訪」は学生（4.59）と勤め人（3.01）が多く、「再訪」は勤め人（3.89）が多かった。そして「常連」は、無職（3.83）、自営業（3.20）と主婦（1.91）が多い。2009年度もほぼ同様の傾

表6－4　訪問歴からみた旅行のきっかけ

	2008年度	2009年度	2010年度
初訪	旅行会社のパンフレット (3.24) インターネット (2.72)	家族・知人のすすめ (2.67) 旅行会社のパンフレット (1.94)	インターネット (3.83) 家族・知人のすすめ (3.66) 雑誌 (2.61) その他 (△2.63)
再訪	家族・知人のすすめ (2.52) 前回来てよかった (△3.18)	インターネット (2.92) 家族・知人のすすめ (1.93) テレビの番組 (1.79) 前回来てよかった (△3.47) その他 (△1.87)	インターネット (1.95) テレビの番組 (1.73) 前回来てよかった (△2.17)
常連	前回来てよかった (6.00) 家族・知人のすすめ (△3.32) インターネット (△2.93) 旅行会社のパンフレット (△2.85)	前回来てよかった (5.77) その他 (2.40) 家族・知人のすすめ (△3.46) インターネット (△3.16)	前回来てよかった (5.44) その他 (3.30) インターネット (△4.50) 家族・知人のすすめ (△3.79) テレビの番組 (△2.01) 雑誌 (△2.00)

注：（　）内の数字は調整化残差。調整化残差の絶対値が1.96以上は5％有意、1.65以上は10％有意。

向が見られるが、2010年度については、「初訪」の勤め人（0.72）に特徴は見られず、「常連」の自営業（△0.01）はむしろ少ないという結果になっている。しかし、それ以外の「初訪」の学生（4.35）、「再訪」の勤め人（3.04）、「常連」の無職（4.02）と主婦（2.42）は同じような結果となっている。職業は年齢とも関係が深く、このような結果になっていると考えられる。

　旅行のきっかけ（**表6－4**参照）は、2008年度の場合、「初訪」は旅行会社のパンフレットとインターネットが多く、「再訪」は家族・知人のすすめが多い。そして「常連」は、前回来てよかったが圧倒的に多く、家族・知人のすすめやインターネットが少なくなっている。

2009年度は、「初訪」で家族・知人のすすめと旅行会社のパンフレットが多く、「再訪」では、インターネットや家族・知人のすすめ、テレビの番組が多くなっている。また、2010年度は、「初訪」でインターネットや家族・知人のすすめ、雑誌が多く、「再訪」でインターネットやテレビの番組が多いが、「常連」は2009年度、2010年度ともに2008年度とほぼ同様の結果となっており、前回来てよかったが圧倒的に多く、家族・知人のすすめやインターネットが少ない。興味深いのは、同じリピーターであっても「再訪」の場合、前回来てよかったはいずれの年度においても少ないということである。

旅行の目的は、2008年度では訪問歴による傾向に違いがあるが、2009年度と2010年度では違いがないという結果になっている。したがって、ここでは参考程度ではあるが、2008年度の結果を示しておこう。

「初訪」は料理・味覚（1.95）を目的とする人が多く、「再訪」は景色・自然（2.16）が多い。そして「常連」は、梅園などの観光施設（2.46）や美術館・博物館などの文化施設（2.37）、史跡・文学碑・建造物（2.20）などのように目的が明確化する傾向が見られた。ちなみに、旅行の形態と熱海までの交通手段は、2008年度、2009年度、2010年度のいずれの年度も訪問歴による傾向に違いはなかった。

来宮神社の境内にある
樹齢2000年以上の大楠

熱海市の来宮神社

（2）年代で見た特性

　年代と職業の関係を2008年度で見ると、10代・20代は学生（9.72）と勤め人（3.31）が多く、30代は勤め人（5.01）、40代は勤め人（2.64）と自営業（2.32）が多い。また、50代と60代は主婦（順に2.41、4.22）が多く、60代は無職（3.04）も多い。当然のことながら、70代以上は無職（11.39）が圧倒的に多く、次いで自営業（2.03）となっている。2009年度、2010年度の場合は、10代・20代の学生（順に8.03、11.68）、30代の勤め人（4.58、4.72）、40代の勤め人（3.32、3.83）、50代の勤め人（3.20、1.86）、60代の自営業（4.42、2.08）と無職（3.51、3.89）、70代以上の無職（9.65、9.14）が共通して高い値を示し、これに2010年度の60代に主婦（3.08）が加わっている。ただし、年代と職業の関係は、訪問歴でも見たように当然の結果と言える。

　旅行形態と熱海までの交通手段、旅行のきっかけ、旅行の目的に関しては、2008年度の旅行形態と2010年度の熱海までの交通手段では年代による違いはないとなったが、それ以外は違いがあるという結果になった。熱海市における観光客の特性分析を行う本来の目的が観光戦略を考えるうえで役立てることであり、これらの項目がその目的と深く関わることから、分かりやすいように表6－5、表6－6、表6－7にまとめた。

　旅行形態（表6－5参照）については、2008年度では違いはなかったが、2009年度と2010年度では多くの年代で共通した結果が見られた。それは、10代・20代のグループ・団体、30代の家族旅行、40代の家族旅行、50代の2人連れである。2010年度の60代におけるグループ・団体を除くと、60代と70代以上に強い傾向は見られなかった。

　熱海までの交通手段は、2008年度と2009年度では違いがあるという結果が出たものの、全体的に強い傾向は見られなかった。多いものを挙げると、2008年度の50代の自動車（1.77）と70代以上の観光バス・路線バス（3.66）、2009年度の30代の自動車（2.08）と40代の自動車（2.03）、70代以上のJR（2.94）であった。また、2010年度は年代による違いは見られなかった。

表6－5　年代から見た旅行形態

	2008年度	2009年度	2010年度
10代・20代	年代による違いはない	グループ・団体　（2.08） その他　（2.56） 家族旅行　（△2.18）	グループ・団体　（2.22）
30代		家族旅行　（2.94） グループ・団体（△2.46）	家族旅行　（4.04） 1人旅行　（1.72） 2人連れ　（△2.99）
40代		家族旅行　（3.62） グループ・団体（△2.40）	家族旅行　（4.61） グループ・団体（△2.60） 2人連れ　（△1.67）
50代		2人連れ　（1.88） 家族旅行　（△1.99）	2人連れ　（3.08） その他　（2.14） 家族旅行　（△3.33）
60代		家族旅行　（△2.24）	グループ・団体　（1.70） 家族旅行　（△2.07） その他　（△1.86）
70代以上		2人連れ　（△2.00）	その他　（1.86） 家族旅行　（△2.19）

注：（　）内の数字は調整化残差。調整化残差の絶対値が1.96以上は5％有意、1.65以上は10％有意。

表6－6　年代から見た旅行のきっかけ

10代・20代	インターネット　（2.15） 雑誌　（1.92） 前回来てよかった（△2.67）	家族・知人のすすめ（3.67） 前回来てよかった（△2.20）	家族・知人のすすめ（3.04） 前回来てよかった（△2.23）
30代	－	インターネット　（2.61）	インターネット　（3.20）
40代	旅行会社のパンフレット　（2.31）	インターネット　（3.31） 前回来てよかった（△2.30）	ポスター　（2.35） その他　（△1.84）
50代	テレビの番組　（2.63）	新聞広告　（1.82） 家族・知人のすすめ（△1.99）	ポスター　（△1.76）
60代	－	前回来てよかった（1.93） 家族・知人のすすめ（△2.17） インターネット（△2.03）	新聞広告　（1.76） 家族・知人のすすめ（△2.42） インターネット（△2.02）
70代以上	家族・知人のすすめ（△2.43）	テレビの番組　（1.89） インターネット（△2.05）	－

注：（　）内の数字は調整化残差。調整化残差の絶対値が1.96以上は5％有意、1.65以上は10％有意。

表6－7　年代から見た旅行の目的

	2008年度	2009年度	2010年度
10代・20代	温泉　　　　　　　　(1.84) その他　　　　　　　(1.76) 梅園などの観光施設　(△3.93) 美術館・博物館等の文化施設　(△1.91)	予算の関係　　　　　(3.39) 料理・味覚　　　　　(1.73) 梅園などの観光施設　(△2.37) 交通の便がよい　　　(△1.78)	温泉　　　　　　　　(3.15) 料理・味覚　　　　　(2.13) 梅園などの観光施設　(△2.84) 交通の便がよい　　　(△2.60)
30代	予算の関係　　　　　(3.22) 料理・味覚　　　　　(2.19) 梅園などの観光施設　(△3.13) 美術館・博物館等の文化施設　(△1.70)	温泉　　　　　　　　(2.20) 公園　　　　　　　　(1.77) 史跡・文学碑・建造物　(△2.08) 美術館・博物館等の文化施設　(△2.03) 予算の関係　　　　　(△1.81)	美術館・博物館等の文化施設　(△2.37)
40代	－	その他　　　　　　　(1.79)	－
50代	梅園などの観光施設　(2.86) その他　　　　　　　(△2.00)	梅園などの観光施設　(2.30)	－
60代	史跡・文学碑・建造物　(2.96) 美術館・博物館等の文化施設　(2.33) 料理・味覚　　　　　(△1.80)	美術館・博物館等の文化施設　(2.42) 史跡・文学碑・建造物　(1.65) 温泉　　　　　　　　(△1.65)	美術館・博物館等の文化施設　(2.50) 史跡・文学碑・建造物　(2.11)
70代以上	梅園などの観光施設　(2.19) 美術館・博物館等の文化施設　(1.73)	－	公園　　　　　　　　(2.30)

注：（　）内の数字は調整化残差。調整化残差の絶対値が1.96以上は5％有意、1.65以上は10％有意。

　旅行のきっかけ（**表6－6**参照）については、40代までと50代以上で異なる傾向が見られた。前者は、インターネットや家族・知人のすすめ、雑誌、旅行会社のパンフレットといったものの値が高く、能動的に情報を集めている様子がうかがえる一方、後者は、テレビ番組や新聞広告といったように、情報入手に関して受動的な様子がうかがえた。

起雲閣の室内

　50代以上の場合、熱海への旅行経験をもつ人が多く、その人達がたまたま目にしたテレビ番組や新聞広告に触発されて熱海を訪れた様子がうかがえる。また、2009年度の60代は「前回来てよかった」の値が高い。この結果から考えられる効果的な宣伝方法は、若者に対しては家族・知人のすすめ、すなわち口コミやインターネットによる情報発信であり、年配者に対してはテレビ番組や新聞広告といったメディアを利用するものとなる。

　同様に、旅行の目的（表6－7参照）についても30代までと50代以上で大きく二つに分けられた。前者は、旅行の目的が温泉や料理・味覚など一般的なものであり、後者は梅園などの観光施設や美術館・博物館等の文化施設、史跡・文学碑・建造物など目的がより明確化されていた。また、2008年度の30代と2009年度の10代・20代で顕著であるが、若者には予算の関係も大きく影響しているが、40代については特に特徴的なものはなかった。

　このようなことから、若者に対しては食べ物や料金設定の工夫が効果的であり、年配者のリピート化を促すためには、観光施設や文化施設、史跡などを活用した季節ごとのイベント案内が効果的であると言える。具体的には、梅まつりや花火大会といったイベントや、起雲閣をはじめとした観光施設の案内を効果的に行う必要があると考える。

6◉考　察

（1）訪問歴に関する考察

　訪問歴から見て、観光戦略を考えるうえで役立つのは旅行のきっかけであろう。「初訪」を促すためには、旅行会社のパンフレットや雑誌、家族・知人のすすめといった口コミやインターネットが効果的な宣伝媒体となることが分かった。また、「再訪」においても、口コミやインターネットが重要な宣伝媒体となっていたこと、そして「常連」では、「前回来てよかった」が非常に強い値を示すという特徴が見られた。

　旅行の目的は、残念ながら2008年度を除いて訪問歴による違いが見みられなかったが、「常連」の「前回来てよかった」と回答した人達の旅行目的（複数回答）は満足度と関係が深いと考えられるので、ここでその主なものを見ておこう。

　2008年度には常連322名のうち90名の人が「前回来てよかった」と答えているが、このうち72％が温泉、47％が交通の便がよい、34％が景色・自然、30％が梅園などの観光施設を旅行の目的と答えてる。また、「温泉」と答えた65名のうち、温泉と交通の便を選んだ人が51％、温泉と梅園などの観光施設が32％、温泉と景色・自然が28％となっている。

　2009年度では、常連306名のうち96名の人が「前回来てよかった」と答えているが、このうち66％が温泉、47％が梅園などの観光施設、46％が景色・自然、38％が交通の便がよいとなっている。また、「温泉」と答えた63名のなかで、温泉と交通の便を選んだ人は42％、温泉と梅園などの観光施設が41％、温泉と景色・自然を選んだ人は40％という結果であった。

　そして2010年度では、常連297名のうち96名の人が「前回来てよかった」と答えているが、このうち65％が温泉、39％が景色・自然、34％が梅園などの観光施設、28％が交通の便がよいとなっている。また、「温泉」と答えた62名の

なかで、温泉と景色・自然を選んだ人は42％、温泉と交通の便を選んだ人は32％、温泉と梅園などの観光施設が31％という結果であった。梅まつり開催中に行われた調査であることを割り引いて考えれば、熱海で満足度が高いのは、やはり温泉、景色・自然、交通の便であると言える。

一方、料理・味覚は、「常連」で「前回来てよかった」と答えた人の20～26％に留まっており、前掲の『はじめよう観光地づくりの政策評価と統計分析』における伊豆半島全体のイメージとは若干異なっている。常連により頻繁なリピートを促すためには、満足度が相対的に高くないと考えられる料理・味覚に工夫を凝らすことは効果的であると言える。

訪問歴に関連して、ここで一つ気になることを紹介しておこう。
『旅行者動向2009』（日本交通公社［2009］）という本では、国内の観光地30か所を挙げ、来訪経験と来訪意向を尋ねた調査結果が示されている。それによれば、熱海は来訪経験率が5割を超え、札幌、日光、箱根、京都と並ぶ代表的な観光地となっている。また、熱海に行ったことがない人にとっても観光地としての認知度は高く、かつ来訪意向も強いところに位置づけられている。しかし、熱海を訪れたことがある人にとっては、再来訪意向がそれほど強くない観光地となっている（日本交通公社［2009］66～71ページ）。

再来の意向が96～97％を示した熱海市での3回の調査結果と比べると、対照的なものとなっている。これは、『旅行者動向2009』が全国に居住する人々を対象に行われた調査結果であるためであるが、熱海市での調査が、実際に熱海を訪れている人に尋ねているというバイアスがかかっていることも考慮に入れる必要がある。

常連の多いことを特徴とする熱海であるが、初訪者をどのくらいリピーター化できているのかについては3回の実態調査から知ることはできず、今後の課題となっている。

（2）年代に関する考察

　年代で見ると、観光戦略を考えるうえで役立つのは、旅行の形態ときっかけ、旅行の目的であろう。

　分析の結果から2009年度と2010年度の旅行形態で特徴的とされた10代・20代のグループ・団体（表6－8参照）、30代と40代の家族旅行（表6－9参照）、50代の2人連れ（表6－10参照）についてプロファイリングを行った。両年度に共通する傾向を見ると、10代・20代のグループ・団体は、家族・知人のすすめにより来訪し、交通手段はJR利用が多い。滞在期間は両年度で異なる結果となっているが、滞在期間に関わらず熱海市内での予算は1万円未満が多い。また、その旅行の目的は、温泉と景色・自然が多かった。

　30代・40代の家族旅行は、4割前後が神奈川県から、2割が静岡県内からの来訪であり、自動車利用が多い。滞在期間は1泊2日が多く、それと関連して

表6－8　10代・20代のグループ・団体のプロファイル

	2009年度	2010年度
該当者人数	16／48名	19／52名
居住地	神奈川38％，静岡31％他	東京53％，神奈川21％他
訪問歴	初訪，再訪各38％他	再訪47％，初訪32％他
熱海市までの交通手段	JR50％，自動車44％他	JR53％，自動車37％他
熱海市内での1人当たり予算総額	1万円未満50％，1万円台19％他	1万円未満37％，2万円台26％他
熱海市内の滞在期間	1泊2日75％，日帰り25％	日帰り53％，1泊2日42％他
旅行のきっかけ	家族・知人のすすめ31％他	家族・知人のすすめ53％，旅行会社パンフレット21％他
旅行の目的【複数回答】	温泉56％，景色・自然38％他	温泉79％，景色・自然37％他

注：16／48名とは、10代・20代の該当者が48名であり、その内16名がグループ・団体であることを示す。

表6－9　30代・40代の家族旅行のプロファイル

	2009年度	2010年度
該当者人数	64／136名	78／171名
居住地	神奈川36％，静岡23％他	神奈川42％，静岡23％他
訪問歴	常連61％，再訪27％他	常連47％，再訪31％他
熱海市までの交通手段	自動車59％，JR39％他	自動車56％，JR44％
熱海市内での1人当たり予算総額	1万円台36％，1万円未満27％他	1万円台37％，1万円未満35％他
熱海市内の滞在期間	1泊2日59％，日帰り41％	1泊2日54％，日帰り45％他
旅行のきっかけ	前回来てよかった22％，家族・知人のすすめ20％他	前回来てよかった28％，インターネット17％他
旅行の目的【複数回答】	温泉75％，梅園などの観光施設39％他	温泉62％，梅園などの観光施設33％他

注：64／136名とは、30代・40代の該当者が136名であり、その内64名が家族旅行であることを示す。

予算は1万円台が多い。比較的常連が多く、前回来てよかったことから温泉と梅園などの観光施設を目的に来訪していることがうかがえる。

一方、50代の2人連れは、4割が神奈川県から、3割弱が東京都からの来訪であり、**JR**利用が多い。滞在期間と予算に関しては、10代・20代のグループ・団体と同様に両年度で滞在期間は異なるものの1万円未満が多い。常連が7割強と多く、温泉と梅園などの観光施設を目的として来訪するところは30代・40代の家族旅行と共通しているが、50代の2人連れのほうが梅園などの観光施設の割合が高くなっている。こういった各年代に多い特徴を抽出し、それらのセグメントに訴求する観光商品を考えることは重要である。

本章では、2008年度から2010年度の3回にわたる「熱海市観光客動線調査」の個票データを用いて訪問歴と年代に着目した分析を行い、熱海市を訪れた観光客の特性を抽出した。この分析の本来的な目的は、熱海市の観光戦略を考え

表6－10　50代の2人連れのプロファイル

	2009年度	2010年度
該当者人数	48／99名	53／96名
居住地	神奈川42％，東京25％他	神奈川42％，東京28％他
訪問歴	常連73％，再訪23％他	常連75％，再訪23％他
熱海市までの交通手段	JR54％，自動車44％他	JR58％，自動車40％他
熱海市内での1人当たり予算総額	1万円未満52％，1万円台19％他	1万円未満42％，2万円台23％他
熱海市内の滞在期間	日帰り67％，1泊2日33％	1泊2日57％，日帰り42％他
旅行のきっかけ	前回来てよかった33％，インターネット13％他	前回来てよかった28％，家族・知人のすすめ19％他
旅行の目的【複数回答】	温泉，梅園などの観光施設各52％	温泉68％，梅園などの観光施設40％他

注：48／99名とは、50代の該当者が99名であり、その内48名が2人連れであることを示す。

るうえで役立てることにある。結果として、その切り口は、効果的な宣伝媒体を考えるうえでは訪問歴が役立つが、全体としては訪問歴より年代で考えたほうが効果的であると思われる。

　しかし、これらの調査はいずれも梅まつり開催中の1月に行われたものであり、本章で明らかとなったことが他の季節でも裏付けられるかどうかは分からない。そのため、他の季節での追加調査を行う必要があると考える。

　また、訪問歴と年代において違いがあるとされたものの特性の抽出を試みたが、各年度でばらつきのあるものもあった。もともと観光需要は景気や社会情勢の影響を受けやすく、2008年以降の状況を考えると、リーマン・ショックによる金融危機や2009年3月に導入された「1000円高速」の影響が考えられるが、そのあたりの詳しい検証も必要となる。さらに、一般的な実態調査は情報に制約があるものの、より有効に活用するためのデータ分析の方法も検討の余地が残されている。これらは今後の課題である。

> **コラム** 熱海温泉玉手箱「オンたま」

　熱海温泉玉手箱「オンたま」(以下、「オンたま」と表記)とは、熱海市で毎年春と秋に開催されている体験型の交流プログラムである。「オンたま」は、熱海市内の商店、宿泊施設、農家、漁師、NPO、ボランティアなどからなるチャレンジ・パートナー(プログラム提供者)が提供する様々な企画に、観光客はもとより地元の人達も参加して行われている。

　第1回「オンたま」(2009年1月17日～3月22日)は20種類のプログラムで開催されたが、回を重ねるごとにプログラム数も増え、第5回「オンたま」(2011年10月8日～11月13日)は73種類のプログラムで開催された。

　第5回のプログラムは、「街」、「海」、「緑」、「歴史」、「芸」、「美」の六つのジャンルに分かれており、まち歩き、様々な体験や交流を楽しむ多彩なものが用意されている。

　例えば、「街」のジャンルには、老舗の5代目に教わりながら干物をつくって、出来たてを味わう「5代目直伝干物はこう作る!」や、熱海芸妓が踊る「華の舞」を鑑賞後、昼食でのプチ宴会を楽しむ「熱海芸妓とランチでお座敷体験」などが用意されている。

　そして「海」のジャンルには、朝4時に漁船に乗ってプチ漁師体験のあと、捕れたての魚介類を調理した漁師飯を食べる「熱海港朝どれ朝ごはん」や、ヨットに乗船して操船も体験することができる「ECOSHIPでのんびりヨットレッスン」などがある。

「オンたま」パンフレット

このほかにも、美しい農園でゆったりした1日を過ごしながら薪でご飯を炊いたり、採った野菜で味噌汁をつくったりする「農園散歩と採りたて昼ごはん」や、歴史を辿りながら日本を代表する財界人・文人・軍人などの別荘が残る地域を散策する「石坂ロマンウォーク」、熱海が好きな人や移住を考えている人達に交流の場を提供する「熱海人・交流パーティと自然フォトスライドショー」といったものもある。

熱海市駅前の商店街

　この「オンたま」は、もともと大分県別府市で行われていた別府八湯温泉泊覧会「オンパク」（以下、「オンパク」と表記）の活動を、熱海市でやってみようというところから出発している。

「オンパク」の活動は、地域の資源を活かした多彩なプログラムの提供を通じて温泉を核としたサービス産業を育成すること、地域住民が「オンパク」に参加することによって健康で前向きな暮らしを送ること、旅行者が「オンパク」への参加によってリピート化や長期滞在化をすることを目指している。熱海市でも、地域と住民を活性化し、それを通じて観光客を獲得することを目的に「オンたま」が開催されている。

　関心のある方は、「オンたま」は http://wla.jp/ontama/ （アクセス日：2011年8月31日）、「オンパク」は http://www.onpaku.jp/ （アクセス日：2011年8月31日）を参照されたい。

第7章　　　石橋　太郎

伊東市の観光——データ分析から

伊東市大室山からの眺め

1 ● 伊東市の観光振興を考える

　地域活性化と観光振興は、静岡県に限らず日本各地域で重要な政策課題となっている。そのためには、言うまでもなく観光客をより多く誘客する必要がある。観光客を誘客するためには、観光産業の担い手の視点からは観光客のニーズ調査を行い、それにあった観光資源の開発、あるいは観光サービスの提供を考えることができる。一方、行政の視点からは、観光需要モデルの構築と実証によって観光客の属性や特徴を分析し、各種政策を企画・実施することも考えられる。

　いずれにせよ、観光客の実態に関わるデータが必要となる。しかし、観光客の実態に関わる十分なデータを調査整備している自治体は驚くほど少ない。本章で取り上げる伊東市は、その数少ない例外と言えよう。

　本章の目的は、伊東市による「観光客実態調査」の個票を用いて独自の集計と推計を行うことで、観光客の土産物購入行動についてどのような要因が影響を与えているかを明らかにするための一つの分析方法を提示することにある。そして、その分析を通して見えてくる伊東市の「観光客実態調査」の問題点と課題についても整理する。[1]

　次節では、まず伊東市の観光客実態調査の個票データを再整理し、観光客の土産物購入に関する独自の単純集計とクロス集計を行う。3節では、質的データの分析手法の一つである「2値ロジスティックモデル」の推計結果を用いて、前節の集計結果の確からしさを検討する方法を示すとともに、どのような要因が土産物購入に影響を与えているかを明らかにする。そして最後に、本章の分析を通して見えた伊東市の「観光客実態調査」の問題と課題について述べていくことにする。

2● 伊東市の観光客実態調査データの活用に向けて

　伊東市は、「本市を訪れる観光客の居住地、年齢などの基本的属性及びその動向や消費額の傾向を把握するとともに、宣伝効果の調査と今後の観光行政の参考に資する」目的のために、毎年、観光客の実態調査を行っている。2007（平成19）年度までは年3回のアンケート調査が行われ、各回の調査対象者数は1,000人であった。2008（平成20）年度からは年4回の調査とし、各回の調査対象者数は600人に変更されている。調査回数と各回の調査対象者数に変更はあったものの、2009（平成21）年度までの調査項目に変化はない。[2] 表7－1は、2009年度に実施された実態調査の調査票である。

　ここでは、2009年度の「伊東市観光客実態調査」の個票を用いて、観光客による土産物購入の傾向について、独自の単純集計とクロス集計の結果を示していきたい。集計に先立ち、個票データを吟味・検討したうえで、いくつかの修正・整理を行っている。

　まず、伊東市の観光客実態調査には、「仕事」、「学校の帰り」など観光客以外の回答も含まれていたのでこうした調査票は削除した。なお、伊東市への来訪目的が観光以外であるとの判断は、調査票「6　伊東を選んだ動機」の「⑪その他」の具体的な回答をチェックしながら行った（表7－1を参照）。

　削除の対象は、「仕事」、「学校の帰り」と回答したもの以外に、「別荘があるから」、「マンションがあるから」と回答したものも削除した。これらの回答者は、観光も目的にあると考えられるが、準居住者と見なして削除した。ほかに、

---

(1) 伊東市観光課の許可を得て利用することができた。ここに、謹んで感謝申し上げます。
(2) ただし、2010（平成22）年度からの伊東市の観光客実態調査では、調査項目の整理、細分化が行われている。同年度の『伊東温泉観光客実態調査報告書』は、伊東市観光課のホームページより入手することができる。
http://www.city.ito.shizuoka.jp/hp/page000002200/hpg000002170.htm （アクセス日：2011年9月30日）

表7-1　観光客実態調査票

```
1  居 住 地　（都道府県名）　※コード表参照                                    1 ☐☐
2  性　　別　①男　　②女                                                    2 ☐
3  年　　齢　①10代　②20代　③30代　④40代　⑤50代                          3 ☐
           ⑥60代　⑦70代以上
4  職　　業　①自営業　②勤め人　③学生　④主婦　⑤無職                     4 ☐
5  伊東までの交通手段
           ①鉄道　②バス　③船舶　④自動車　⑤その他（　　　）             5 ☐
6  伊東を選んだ動機（1つだけ選択してください）                                6 ☐☐
           ①温泉が豊富　②自然が美しい　③味覚を楽しめる　④史跡・文学碑が豊富
           ⑤交通の便が良い　⑥海水浴・マリンスポーツができる　⑦予算の関係
           ⑧テレビ等の宣伝　⑨前回来て良かったから　⑩知人にすすめられた
           ⑪その他（　　　　　　　　　　）
7  今回の旅行で伊東の宿泊施設に有料で宿泊しますか　①宿泊する　②宿泊しない  7 ☐
  (1) 宿泊する場合                                                       (1)(イ)
       (イ)宿泊施設　①　旅館・ホテル　②　寮・保養所　③　民宿
                  ④　ユースホステル・国民宿舎　⑤　ペンション　⑥　その他
       (ロ)宿泊料金　①10,000円以下　②10,001円～15,000円                 (ロ)
                  ③15,001円～20,000円　④20,001円以上
8  今回の旅行予定日数                                                    8 ☐
           ①日帰り　②1泊2日　③2泊3日　④3泊4日　⑤4泊以上
9  伊東への来遊回数　①はじめて　②2回目　③3回目　④4回以上                9 ☐
10 旅行形態　①1人旅行　②2人連れ　③家族旅行　④グループ・団体旅行
           ⑤その他                                                     10 ☐
11 今回の旅行で土産を買いますか　(1)　①買う（買った）　②買わない          11(1)☐
           →(2)　①5,000円以下　②5,001円～10,000円　③10,001円以上        (2)☐
12 今回の旅行の1人当たりの予算総額                                        12 ☐
           ①10,000円以下　②10,001円～15,000円　③15,001円～20,000円
           ④20,001～30,000円　⑤30,001円以上
13 伊東の宣伝（今までに見たことのあるものに○・複数回答）                    ①②③④⑤⑥⑦
           ①ポスター　②パンフレット　③テレビ　④新聞                    13 ☐☐☐☐☐☐☐
           ⑤雑誌　⑥インターネット　⑦その他
14 伊東の印象
  (1) 観光施設の印象　イ　満足度　（①満　足　②ふつう　③不満足）          14(1)☐
                    ロ　清潔度　（①きれい　②ふつう　③よごれている）        ☐
                    ハ　料　金　（①高　い　②ふつう　③安　い）             ☐
  (2) 道路標識・観光施設の案内板　（①よくわかる　②ふつう　③わかりにくい）  (2)☐
  (3) 土産物の値段の印象は　（①高　い　②ふつう　③安　い）                (3)☐
  (4) 伊東にまた来たいと思いますか　（①思　う　②思わない）                (4)☐
```

伊　東　市　観　光　課

「サークルの合宿」、「同窓会」などと回答したものも削除している。回答者が主体的に観光地として伊東市を選んだか（あるいは観光目的）が不明であるためである。

男性で職業を「主婦」と答えている個票については、「主夫」の意味で答えたかのか、単なる誤記入であるのか不明であるため削除した。また、調査票「10　旅行形態」の「⑤その他」に回答した個票が1件存在したが、具体的な内容が不明のためこれも削除した。結果的に集計に利用した調査個票の数は2,187である。

次に、調査票「1　居住地」と「6　伊東を選んだ動機（一つだけ選択してください）」は項目数の整理を行った。「居住地」については、静岡県、東京都、神奈川県、埼玉県、千葉県をそのままにし、これら以外の地域を「その他」の地域としてデータの再整理を行った。[3]

「動機」については、調査票の項目数は11個あるがこれを3項目に再分類した。11個の項目のうち、「①温泉が豊富、②自然が美しい、③味覚を楽しめる、④史跡・文学碑が豊富、⑥海水浴・マリンスポーツができる」は、伊東の観光資源を選択肢としている。これらの選択肢を選んだ観光客は、他の選択肢に比べて観光資源を選んでいることにより、伊東を観光地として選んだ「動機」は「強い」と考えることができる。

他方、「⑤交通の便が良い、⑦予算の関係」を回答した観光客は、観光資源とは無関係に伊東市を観光地として選んだ「動機」は「弱い」と考えることができる。残った「⑧テレビ等の宣伝、⑨前回来てよかったから、⑩知人にすすめられた」を回答した観光客は、何らかの「情報」に誘発され伊東市を観光地として選んだと考えられる。

そして、最後の「⑪その他」の具体的な回答を見てみると、特定のホテル・旅館へ来訪することが明確であり、これは観光資源の一つと考えらえるので、伊東市を観光地として選んだ「動機」は「強い」と考えることができる。これ

---

[3] 静岡県、東京都、神奈川県、埼玉県、千葉県からの観光客数が、2009年度調査の84.84%を占めている。

らの整理によって、伊東市を観光地として選んだ「動機」を、「弱い動機」、「情報誘発動機」、「強い動機」の3項目に再分類し、個票の整理を行った。

観光客による土産物購入の傾向を把握するための集計は、基本的に、（1）観光客が選択することができない「属性（観光客の居住地、性別、年代、職業）」と（2）観光客が選択することができる「旅行仕様（一人当たり予算、旅行形態、旅行予定日数、交通手段）」、「動機」に分けて、それぞれ単純集計とクロス集計を行った。

（1）属性で見た集計結果

表7－2－（イ）から表7－2－（ニ）は、観光客が選択することができない「属性」で見た土産物購入割合[4]の単純集計結果を示している。

居住地別で見た土産物購入割合は、地元静岡の観光客の購入割合が最も低い（83.09％）。東京都、神奈川県、埼玉県、千葉県、その他地域の観光客の購入割合は90％を超え、その他地域の観光客の購入割合が最も高い（96.04％）。性別で見た場合、女性95.03％、男性89.36％と、女性のほうが土産物購入割合は高い。年代別では、10代（86.67％）を除いて、各年代とも90％を超え、40代が最も高い割合（97.10％）を示している。そして、職業別では、自営業（84.78％）を除いて各職業とも90％を超え、主婦が最も高い割合（95.85％）を示している。

観光客の属性による土産物購入割合の単純集計の結果を見れば、観光客の土産物購入割合は総じて高いと言える[5]。

表7－3－（イ）から表7－3－（ニ）は、観光客が選択することができない「属性」で見た土産物購入割合のクロス集計結果を示している。なお、空白の部分は、該当する回答が存在しないことによる。

表7－3－（イ）から表7－3－（ハ）は、性別とその他の属性とのクロス集計結果である。性別、居住地別で見た土産物購入割合は、いずれの居住地においても女性のほうが購入割合は高い。女性について、居住地別に土産物購入割

合を見てみると、その他地域の女性の割合が最も高く（96.86％）、次いで神奈川県の女性の購入割合が高い（95.47％）。一方、性別、職業別で見た土産物購入割合は、いずれの職業においても女性のほうが購入割合は高い。女性について職業別に見てみると、主婦が最も高く（95.85％）、次いで勤め人の女性の購入割合が高くなっている（95.01％）。そして、性別、年代別で見た土産物購入割合は、いずれの年代においても女性のほうが購入割は高い。女性について年代別に見てみると、40代が最も高く（98.79％）、次いで30代の女性の購入割合が高くなっている（96.05％）。

単純集計とクロス集計の比較により、性別、年代別で見た土産物購入割合に傾向の違いを読み取ることができる。年代別で見た単純集計の結果は、40代が最も高い購入割合を示し、次いで50代、60代、20代、30代の順に高い割合を示した（**表7－2－(ハ)** 参照）。しかし、女性について年代別に見てみると40代が最も高い割合を示すことは変わらないが、次に高い割合を示すのは30代であり、単純集計結果とは異なる。クロス集計により、「属性」で見た土産物購入割合の傾向をさらに把握することができたことになる。

表7－3－(ニ) から**表7－3－(ヘ)** は、性別以外の属性についてのクロス集計の結果を示している。各表には、土産物購入割合が100％を示すいくつかのマス目が存在する。また、これまでの集計結果とは異なり、50％台、60％台の割合を示

表7－2－(イ)
居住地別の土産物購入割合

静岡県	83.09％
東京都	92.66％
神奈川県	93.39％
埼玉県	93.94％
千葉県	93.25％
その他	96.04％

表7－2－(ロ)
性別の土産物購入割合

男	89.36％
女	95.03％

表7－2－(ハ)
年代別の土産物購入割合

10代	86.67％
20代	92.42％
30代	92.26％
40代	97.10％
50代	93.47％
60代	92.87％
70代以上	90.50％

表7－2－(ニ)
職業別の土産物購入割合

自営業	84.78％
勤め人	92.28％
学生	92.00％
主婦	95.85％
無職	91.02％

表7－3－(イ)　性別・居住別土産物購入割合

	静岡県	東京都	神奈川県	埼玉県	千葉県	その他
男	72.34%	87.41%	90.19%	93.90%	90.00%	94.89%
女	88.76%	95.36%	95.47%	93.97%	95.15%	96.86%

表7－3－(ロ)　性別・職業別土産物購入割合

	自営業	勤め人	学生	主婦	無職
男	85.71%	89.54%	88.46%		90.09%
女	82.76%	95.01%	93.88%	95.85%	93.41%

表7－3－(ハ)　性別・年代別土産物購入割合

	10代	20代	30代	40代	50代	60代	70代以上
男	80.00%	86.67%	87.67%	94.59%	90.67%	90.51%	86.96%
女	90.00%	94.96%	96.05%	98.79%	94.98%	94.16%	92.96%

表7－3－(ニ)　居住地別・職業別土産物購入割合

	自営業	勤め人	学生	主婦	無職
静岡県	60.00%	83.08%	75.00%	90.91%	72.22%
東京都	80.00%	91.23%	92.86%	96.10%	91.96%
神奈川県	81.82%	93.63%	96.00%	96.27%	89.53%
埼玉県	80.00%	97.87%	60.00%	95.24%	87.10%
千葉県	100.00%	90.00%	100.00%	96.15%	95.00%
その他	95.24%	94.41%	100.00%	96.91%	98.21%

表7－3－(ホ)　居住地別・年代別土産物購入割合

	10代	20代	30代	40代	50代	60代	70代以上
静岡県	50.00%	83.33%	88.24%	100.00%	70.37%	90.00%	76.19%
東京都	90.91%	94.07%	88.89%	95.10%	94.67%	92.72%	90.98%
神奈川県	100.00%	93.33%	94.44%	96.05%	94.39%	93.07%	88.00%
埼玉県	60.00%	95.65%	96.15%	100.00%	95.45%	95.56%	85.71%
千葉県	100.00%	86.67%	100.00%	100.00%	97.06%	88.24%	91.67%
その他	100.00%	92.68%	93.55%	100.00%	95.52%	94.32%	100.00%

表7－3－(ヘ)　職業別・年代別土産物購入割合

	10代	20代	30代	40代	50代	60代	70代以上
自営業	100.00%	100.00%	91.67%	100.00%	85.19%	78.26%	63.64%
勤め人	100.00%	91.27%	90.25%	95.86%	92.47%	92.75%	100.00%
学生	82.61%	95.92%	100.00%	100.00%			
主婦		100.00%	98.59%	98.89%	96.10%	94.85%	93.48%
無職	100.00%	100.00%	100.00%	100.00%	100.00%	91.94%	89.56%

すマス目も存在する。これらの数値が得られるマス目は、その項目に該当する回答数が少ないという特徴をもっている。すなわち、データ数が少ないためバイアスをもった計算結果と考えられる。そのため、性別以外の属性についてのクロス集計結果は、土産物購入割合の傾向について誤った判断をしてしまうという問題が残る。

(2) 旅行仕様、動機で見た集計

次に、表7－4－(イ) から表7－4－(ニ) は、観光客が選択することができる「旅行仕様」、「動機」で見た土産物購入割合の単純集計結果を示している。
一人当たり予算別で見た土産物購入割合は、10,000円以下の観光客の購入割合が最も低く (68.69%)、30,001円以上の観光客の購入割合が最も高い (95.49%)。旅行形態別では、一人旅行の観光客の購入割合が最も低く (68.83%)、家族旅行の観光客の購入割合が最も高い (96.40%)。旅行予定日数別では、日帰りの観光客の購入割合が最も低く (75.44%)、2泊3日の観光客の購入割合が最も高い (95.08%)。交通手段別では、バスの観光客の購入割合が最も低く (81.63%)、自動車の観光客の購入割合が最も高い (93.75%)。[6]

---

(4) 土産物購入のアンケートは、「①買う（買った）」、「②買わない」について回答を求めている。ここでは、「①買う（買った）」と回答したものを土産物を購入したものと見なして集計を行った。
(5) 単純に個票データ全体から計算される、土産物購入割合は92.91%である。

動機別では、弱い動機の購入割合が最も低く（89.89％）、強い動機の観光客の購入割合が最も高い（93.79％）。

表7－5－(イ)から表7－5－(ヌ)は、観光客が選択することができる「旅行仕様」、「動機」で見た土産物購入割合のクロス集計結果を示している。なお、空白の部分は、該当する回答が存在しないことによる。

各表には、「属性」で見たクロス集計の結果と同様に、土産物購入割合が100％を示すいくつかのマス目が存在する。また、対照的に低い割合の数値を示すマス目も存在する。これらの数値が得られるマス目の多くは、その項目に該当する回答数が少ないという特徴をもっている。

表7－4－(イ)
一人当たり予算別の土産物購入割合

10,000円以下	68.69％
10,001～15,000円	88.51％
15,001～20,000円	87.11％
20,001～30,000円	95.19％
30,001円以上	95.49％

表7－4－(ロ)
旅行形態別の土産物購入割合

1人旅行	63.83％
2人連れ	90.88％
家族旅行	96.40％
グループ・団体旅行	94.20％

表7－4－(ハ)
旅行予定日程数別の土産物購入割合

日帰り	75.44％
1泊2日	93.68％
2泊3日	95.08％
3泊4日	90.14％
4泊以上	91.30％

表7－4－(ニ)
交通手段別の土産物購入割合

鉄道	92.95％
バス	81.63％
自動車	93.75％
その他	75.00％

表7－4－(ホ)
動機別の土産物購入割合

弱い動機	89.89％
情報誘発動機	93.37％
強い動機	93.79％

ここでも、データ数が少ないためバイアスをもった計算結果が生じている可能性がある。そのため、ここで得られたクロス集計結果は、土産物購入割合の傾向について誤った判断をしてしまうという問題が残る。この問題に対する一つの対処法として、次節で説明する「2値ロジスティックモデル」の利用を挙げることができる。

表7-5-(イ)　一人当たり予算別・旅行形態別の土産物購入割合

	1人旅行	2人連れ	家族旅行	グループ・団体旅行
10,000円以下	58.33%	58.14%	89.47%	76.00%
10,001～15,000円	50.00%	86.21%	89.66%	100.00%
15,001～20,000円	80.00%	83.12%	89.00%	89.19%
20,001～30,000円	62.50%	93.08%	98.31%	95.81%
30,001円以上	68.75%	94.31%	98.39%	95.69%

表7-5-(ロ)　一人当たり予算別・旅行予定日数別の土産物購入割合

	日帰り	1泊2日	2泊3日	3泊4日	4泊以上
10,000円以下	70.00%	75.00%	40.00%	100.00%	0.00%
10,001～15,000円	95.00%	87.72%	75.00%	100.00%	
15,001～20,000円	25.00%	86.92%	94.44%	100.00%	100.00%
20,001～30,000円	100.00%	94.85%	96.67%	100.00%	
30,001円以上	100.00%	95.98%	95.93%	87.93%	95.24%

表7-5-(ハ)　一人当たり予算別・交通手段別の土産物購入割合

	鉄道	バス	自動車	その他
10,000円以下	69.44%	33.33%	71.93%	33.33%
10,001～15,000円	88.64%		88.37%	
15,001～20,000円	85.14%	66.67%	91.92%	
20,001～30,000円	94.93%	100.00%	95.22%	100.00%
30,001円以上	94.85%	77.78%	97.98%	100.00%

---

(6) 調査票には、選択項目として「③船舶」があるが、個票データの整理の過程でこれに該当する回答をした個票は削除されている。

表7-5-(ニ)　一人当たり予算別・動機別の土産物購入割合

	弱い動機	情報誘発動機	強い動機
10,000円以下	68.75%	66.67%	69.39%
10,001～15,000円	96.43%	91.30%	80.56%
15,001～20,000円	83.33%	81.82%	91.04%
20,001～30,000円	90.54%	99.00%	95.80%
30,001円以上	95.27%	96.60%	95.30%

表7-5-(ホ)　旅行形態別・旅行予定日数別の土産物購入割合

	日帰り	1泊2日	2泊3日	3泊4日	4泊以上
1人旅行	76.92%	64.00%	33.33%	100.00%	0.00%
2人連れ	64.58%	93.06%	92.02%	80.65%	93.33%
家族旅行	90.00%	95.50%	98.35%	96.30%	100.00%
グループ・団体旅行	81.82%	94.60%	95.88%	100.00%	100.00%

表7-5-(ヘ)　旅行形態別・交通手段別の土産物購入割合

	鉄道	バス	自動車	その他
1人旅行	62.50%		80.00%	50.00%
2人連れ	92.47%	50.00%	89.32%	50.00%
家族旅行	95.77%	100.00%	96.97%	100.00%
グループ・団体旅行	94.13%	85.71%	96.77%	100.00%

表7-5-(ト)　旅行形態別・動機別の土産物購入割合

	弱い動機	情報誘発動機	強い動機
1人旅行	72.73%	70.00%	57.69%
2人連れ	85.56%	92.13%	92.28%
家族旅行	94.78%	94.90%	97.19%
グループ・団体旅行	92.31%	95.88%	94.44%

表7－5－(チ)　旅行予定日数別・交通手段別の土産物購入割合

	鉄道	バス	自動車	その他
日帰り	75.00%	100.00%	76.71%	50.00%
1泊2日	93.48%	81.40%	95.06%	100.00%
2泊3日	94.66%	80.00%	96.34%	100.00%
3泊4日	86.00%		100.00%	
4泊以上	89.47%		100.00%	

表7－5－(リ)　旅行予定日数別・動機別の土産物購入割合

	弱い動機	情報誘発動機	強い動機
日帰り	70.59%	84.00%	74.55%
1泊2日	90.44%	93.78%	94.62%
2泊3日	94.34%	95.74%	95.13%
3泊4日	88.89%	87.50%	91.89%
4泊以上	100.00%	100.00%	86.67%

表7－5－(ヌ)　交通手段別・動機別の土産物購入割合

	弱い動機	情報誘発動機	強い動機
鉄道	92.26%	92.27%	93.36%
バス	86.36%	88.89%	72.22%
自動車	85.19%	95.65%	95.56%
その他	100.00%	100.00%	66.67%

3 ⦿ 2値ロジスティックモデルの利用

（1）2値ロジスティックモデルとは

　伊東市の観光客実態調査のデータは、すべて質的データである。しかも、本章で取り上げた土産物購入に関するデータは、「①買う（買った）、②買わない」の2項反応である。このような特徴をもつデータ分析の方法の一つとして、

2値ロジスティックモデルによる分析が広く使われている。

2値ロジスティックモデルによる分析では、まずは土産物を購入する意志を応答した場合「Y＝1」とし、購入しない意思を応答した場合「Y＝0」としてコード化する。そして、「Y＝1」が生起する確率（π）を次のように表現する。

$$\pi = P(Y=1|x) = \frac{\exp(\beta_0+\beta_1 x_1+\cdots+\beta_k x_k)}{1+\exp(\beta_0+\beta_1 x_1+\cdots+\beta_k x_k)} \quad (1)$$

この式は、土産物を購入する（Y＝1）という事象が生起する確率（π）は、説明変数x_1、…，x_kからなる右辺の式に従うことを意味している。すなわち、観光客が土産物を購入するという行動を確率モデルによって説明するものである。こうして定式化された確率モデルはその推計結果により、土産物購入行動の予測に用いられる。またこの式は、次のように変換することができる。そして、この変換を「ロジット変換」と呼んでいる。

$$\log\left(\frac{\pi}{1-\pi}\right) = \beta_0+\beta_1 x_1+\cdots+\beta_k x_k \quad (2)$$

2値ロジスティックモデルにより観光客の土産物購入行動を分析しようとする時、本来は、モデルで使われる説明変数についての事前の吟味とデータの収集が必要となる。すなわち、土産物購入行動に関する理論あるいは仮説が要求する説明変数を確定し、そしてそのデータの収集が行われる。特に、モデルを設定するうえで、理論あるいは仮説は、説明変数のパラメータの符号に関して判断する場合に重要な情報を与える。

しかし、ここで使用するデータは、必ずしも事前に検討された「土産物購入行動モデル」が要求するデータではない。したがって、ここでの分析は、2値ロジスティックモデルによる「土産物購入行動モデル」の分析とは正確には言えないが、観光客実態調査で収集された個票データを用いることで、伊東市における観光客の土産物購入行動にどのような要因が影響を与えるのかを分析するための一つのアプローチを提示することができると考えている。また、その分析結果は、「土産物購入行動モデル」を構築するうえでの示唆を与えることになる。

（2）データのコード化

　ここでの被説明変数（反応変数）は、**表7-1**で示された伊東市観光客実態調査票の「11　今回の旅行で土産物を買いますか。（1）①買う（買った）、②買わない」であり、「①買う（買った）」を「$Y=1$」、「②買わない」を「$Y=0$」として再コード化したデータからなる。

　次に、ここで説明変数として取り上げるのは、前節の単純集計・クロス集計の対象とした居住地、性別、年齢、職業、一人当たり予算、旅行形態、旅行予定日数、交通手段、動機であり、そして調査票「9　伊東への来遊回数」を追加する。2値ロジスティックモデルを推計するためには、これらの変数についてコード化する必要がある。

　居住地については、静岡県を「1」、東京都を「2」、神奈川県を「3」、埼玉県「4」、千葉県を「5」、その他地域を「6」としてコード化した。また、性別、年齢、職業、一人当たり予算、旅行形態、旅行予定日数、交通手段については、個票のコードをそのまま用いた。すなわち、性別については、男を「1」、女を「2」とした。年齢については、10代を「1」、20代を「2」、30代を「3」、40代を「4」、50台を「5」、60代を「6」、70代以上を「7」とした。職業については、自営業を「1」、勤め人を「2」、学生を「3」、主婦を「4」、無職を「5」とした。一人当たり予算については、10,000円以下を「1」、10,001円〜15,000円を「2」、15,001円〜20,000円を「3」、20,001円〜30,000円を「4」、30,001円以上を「5」とした。旅行形態については、1人旅行を「1」、2人連れを「2」、家族旅行を「3」、グループ・団体旅行を「4」とした。旅行予定日数については、日帰りを「1」、1泊2日を「2」、2泊3日を「3」、3泊4日を「4」、4泊以上を「5」とした。交通手段については、鉄道を「1」、バスを「2」、自動車を「3」、その他を「4」とした。動機については、弱い動機を「1」、情報誘発動機を「2」、強い動機を「3」とした。ここで追加された伊東市への来遊回数については、はじめてを「1」、2回目を「2」、3回目を「3」、4回以上を「4」とした。

コードは言うまでもなく数値で表現されているが、これらはすべて質的データであり2値ロジスティックモデルの推計にあたっては、説明変数（実際は「カテゴリ」と呼んだほうがよい）はダミー変数として処理される。性別を取り上げて説明しよう。

ここでは、男に「1」、女に「2」という数値を割り当てることでコード化したが、2値ロジスティックモデルの推計では、性別はダミー変数として処理され、男は「0」、女は「1」として計算される。のちに見るように、推計結果は女のパラメータのみが示される。また、コード化された説明変数がダミー変数として処理されることにより、居住地という説明変数（カテゴリ）は、五つのダミー変数によって表現される。

（3） 2値ロジスティックモデルの推計と分析例

2値ロジスティックモデルの推計は、フリーソフトであるR言語によって行った[7]。2値ロジスティックモデルの推計結果を理解するために、まず、性別だけを説明変数とした土産物購入行動確率モデルの結果を示そう。結果の表示のしやすさより、（2）式を用いる。

$$\log\left(\frac{\pi}{1-\pi}\right) = 2.1285 + 0.8229 \times 性別（女）$$

ここで、切片は2.1285、性別のパラメータは0.8229であることを表している。説明変数の性別が「性別（女）」として表現されているのは、性別がダミー変数であることより、女である場合に「性別（女）」を「1」として計算したことを示している（男については、「性別（女）」が「0」となる）。土産物購入確率を計算するには、この（2）式ではなく、（1）式にこれらの数値を代入して計算することになる。実際に（1）式を用いた計算式を示しておく。

$$\pi = P(Y=1|男) = \frac{\exp(2.1285+0.8229\times 0)}{1+\exp(2.1285+0.8229\times 0)} = 0.8936$$

$$\pi = P(Y=1|女) = \frac{\exp(2.1285 + 0.8229 \times 1)}{1 + \exp(2.1285 + 0.8229 \times 1)} = 0.95033$$

　この結果は、確率モデルによる理論値であり、**表7－2－(ロ)** の性別で見た土産物購入割合（実測値）と比較すればほとんどずれがない。2値ロジスティックモデルによって、性別で見た土産物購入割合の傾向を読み取れるということが分かる。

　さらに、R言語による2値ロジスティックモデルの推計結果は、パラメータの統計学的有意性についても示してくれる。性別を用いた2値ロスティックモデルの場合、切片の値が「0」であるという帰無仮説はP値により有意水準0.1％で棄却される。同様に、性別（女）のパラメータが「0」であるという帰無仮説もP値により有意水準0.1％で棄却される。性別を説明変数とした土産物購入行動モデルは、予測モデルとしても活用できる。すなわち、女性の観光客が100人増加する場合、その95.03％が土産物を購入すると予測することができるわけだ。

　次に、説明変数として年齢が追加された確率モデルの推計結果を示そう。

$$\log\left(\frac{\pi}{1-\pi}\right) = 1.3726 + 0.8369 \times 性別（女） + 0.6144 \times 年齢（20代） + 0.7204 \times 年齢（30代） + 1.7199 \times 年齢（40代） + 0.8172 \times 年齢（50代） + 0.7237 \times 年齢（60代） + 0.4575 \times 年齢（70代以上）$$

　この結果より、例えば、男性で70代以上の観光客の土産物購入確率を求めてみよう。そのためには、性別（女）、年齢（20代）、年齢（30代）、年齢（40代）、年齢（50代）、年齢（60代）を「0」として、年齢（70代以上）を「1」として計算することになる。実際の確率を計算する式は次の通りである。

---

(7) 第R言語を用いて推計するにあたり、服部［2011］、鄭・金［2011］を参考にした。また、R Development Core Team(2011). R: A language and environment for statistical computing. R Foundation for Statistical Computing, Vienna, Austria. ISBN3-900051-07-0, URL http://www.R-project.org/ を参照。

$$\pi = P(Y=1|男で無職)$$
$$= \exp(1.3726 + 0.8369 \times 0 + 0.6144 \times 0 + 0.7204 \times 0 + 1.7199 \times 0$$
$$+ 0.8172 \times 0 + 0.7237 \times 0 + 0.4575 \times 1)/(1 + \exp(1.3726 + 0.8369 \times 0$$
$$+ 0.6144 \times 0 + 0.7204 \times 0 + 1.7199 \times 0 + 0.8172 \times 0 + 0.7237 \times 0$$
$$+ 0.4575 \times 1))$$
$$= 0.9351$$

表7－3－(ハ)の結果(90.09％)と比較すると若干のずれがある。これ以外の土産物購入確率は表7－6にまとめている。

表7－3－(ハ)と表7－6を比較すると、男・70代以上以外にも理論値と実測値にずれがある。理論値と実測値の違いは、基本的にモデルの構造的誤差とデータの測定誤差によって生じる。前者のモデルの構造的誤差とはモデル特定の不適切さによって生じ、理論値と実測値のずれはモデルの当てはまりの悪さを示す。モデルの不適切性を測る尺度として、R言語は赤池情報量を表示する。性別だけの確率モデルの赤池情報量は「1099.2」、年齢を加えた確率モデルは「1096.8」となる。この値が小さいほど、モデルとしての適切さを示す。

ここでは、年齢を加えた確率モデルのほうが若干小さな値を示しているが、大きな差は見られない。赤池情報量だけではモデルの適切さは判断できない。改めて説明変数として年齢を加えたことが適切であったかどうかを検討するために、モデルの構造について確認しておく。

モデルの構造は、性別のダミー変数が一つ、年齢のダミー変数が六つからなる2値ロジスティックモデルであった。検討すべきは、年齢のダミー変数が適切であったかどうかである。説明変数としての適切性は、切片を含めたダミー変数について統計学的に検討することが可能である。

R言語による推定結果によれば、切片の値が「0」であるという帰無仮説の

表7－6　性別・年齢別の土産物購入確率

	10代	20代	30代	40代	50代	60代	70代以上
男	0.7978	0.8794	0.8902	0.9566	0.8993	0.8905	0.9351
女	0.9011	0.9440	0.9493	0.9807	0.9538	0.9495	0.8618

P値は「0.013」で、有意水準５％で棄却される。性別（女）のパラメータが「０」であるという帰無仮説はＰ値の値により有意水準「0.1％」で棄却される。年齢（20代）のパラメータが「０」であるという帰無仮説のＰ値（0.290）は大きく、棄却することができない。年齢（30代）のパラメータが「０」であるという帰無仮説のＰ値（0.216）は大きく、棄却することができない。年齢（40代）のパラメータが「０」であるという帰無仮説は、有意水準１％で棄却される（Ｐ値（0.008））。年齢（50代）のパラメータが「０」であるという帰無仮説のＰ値（0.157）は大きく、棄却することができない。年齢（60代）のパラメータが「０」であるという帰無仮説のＰ値（0.207）は大きく、棄却することができない。年齢（70代）のパラメータが「０」であるという帰無仮説のＰ値（0.426）は大きく、棄却することができない。

　この結果から分かるように、年齢（20代）、年齢（30代）、年齢（50代）、年齢（60代）、年齢（70代）のパラメータが「０」である可能性を棄却できない。土産物購入の行動モデルとして見た場合、これらの年齢層が土産物を購入する確率に影響を与えているかは疑わしい。言い換えるならば、これらの年齢層が土産物購入に明確な傾向を示しているとは言えないということである。

　例えば、**表７－３－（ハ）**の女・30代の層が２番目に高い土産物購入割合を示したからと言って、ここでの確率モデルによれば統計学的にその確からしさは言えないということである。前節のクロス集計結果によって性別、年齢別の土産物購入割合の傾向を把握するには、注意が必要である。

　他方、性別（女）、年齢（40代）のパラメータは統計学的にも有意であり、これらの観光客が土産物を購入する確率に影響を与えていると言える。改めて土産物購入モデルを構築しようとするならば、ダミー変数を性別（女）、年齢（40代）だけからなるモデルを構築することであろう。そのためには、年齢に

---

(8) 赤池情報量とは、観測データがモデルにどの程度適合しているかを表す指標である。一般に説明変数（パラメータ）を増やせば、残差平方和で示される適合度はよくなる。しかし、説明変数を単に追加するのでは意味がない。説明変数の数を抑える工夫が必要となる。その工夫の一つが、赤池情報量の最小化である。赤池情報量は、「－２×（最大対数尤度）＋２×（自由パラメータの数）」で与えられる。

関するデータを40代と40代以外のデータに再整理する必要がある。しかし、言うまでもなく、改訂された土産物購入モデルでは、30代あるいは50代といった特定の年齢の土産物購入行動を予測することはできない。

理論値と実測値のずれを生じさせる原因として、データの測定上の誤差も考えられる。この問題の解決のためには、データの偏りを減らすために無作為に収集されるともに十分な標本数の確保が必要となる。この問題については、あとで論じることにする。

説明変数として性別に年齢を加えた確率モデルについては改訂の方向性を示したが、その改訂された確率モデルについての結果は示さない。ここでは、あくまでも2値ロジスティックモデルによる分析を例示し解説する目的で示した。もともと、土産物購入に、性別、年齢だけでなくどのような要因が影響を与えているのかを検討することが本章の目的である。そこで、次に、先に示した属性と旅行仕様、動機、以前の来遊回数が土産物購入にいかに影響を与えるかについて、2値ロジスティックモデルによる分析結果を示そう。

(4) 2値ロジスティックモデルの推計結果

先に示したすべての説明変数（カテゴリ）を用いた推計結果は、**表7-7**にまとめている。性別だけの確率モデルの赤池情報量は「1099.2」であったが、すべての説明変数からなる確率モデルは「997.1」であり、モデルの適切さは改善されたと言える。すなわち、性別だけで土産物購入を説明しようとすることは適切ではない。そこで、どの要因が土産物購入を説明することができるのかを判断するために、P値によるパラメータの統計学的有意性を見てみよう。

有意水準0.1％で、一人当たり予算（20,001～30,000円）、一人当たり予算（30,001円以上）、旅行形態（家族旅行）、旅行形態（グループ・団体旅行）、職業（無職）、性別（女）のパラメータが「0」であるという帰無仮説は棄却される。1％有意水準で、切片、旅行形態（2人連れ）、職業（主婦）、交通手段（バス）のパラメータが「0」であるという帰無仮説は棄却される。有意水準

表7－7　説明変数を用いた推計結果

	パラメータ値	P値
切片	−2.9939	0.00319***
居住地（東京）	0.3749	0.27371
居住地（神奈川）	0.5857	0.09428*
居住地（埼玉）	0.5357	0.23183
居住地（千葉）	0.4037	0.37576
居住地（その他）	0.8196	0.06602*
年齢（20代）	0.8876	0.25489
年齢（30代）	0.8347	0.30487
年齢（40代）	1.7017	0.04716**
年齢（50代）	1.2314	0.12932
年齢（60代）	0.6527	0.42616
年齢（70代以上）	0.3533	0.6731
一人当たり予算（10,001～15,000円）	1.2028	0.01539**
一人当たり予算（15,001～20,000円）	0.9489	0.04442**
一人当たり予算（20,001～30,000円）	2.0724	1.06E−05****
一人当たり予算（30,001円以上）	2.1999	2.71E−06****
旅行形態（2人連れ）	1.1229	0.003845***
旅行形態（家族旅行）	2.1973	5.42E−07****
旅行形態（グループ・団体旅行）	1.8532	8.22E−06****
職業（勤め人）	0.6859	0.06391*
職業（学生）	1.2758	0.0708*
職業（主婦）	1.2169	0.00393***
職業（無職）	1.4467	0.00064****
動機（情報誘発動機）	0.5547	0.06499*
動機（強い動機）	0.2074	0.33117
以前の来遊回数（2回目）	−0.214	0.54693
以前の来遊回数（3回目）	−0.126	0.73978
以前の来遊回数（4回以上）	−0.4907	0.1119
性別（女）	0.7546	0.00087****
旅行予定日数（1泊2日）	−0.1576	0.74072
旅行予定日数（2泊3日）	−0.2862	0.57846
旅行予定日数（3泊4日）	−1.0158	0.11858
旅行予定日数（4泊以上）	−0.5294	0.56454
交通手段（バス）	−1.3069	0.00255***
交通手段（自動車）	0.2742	0.21274
交通手段（その他）	0.3946	0.73004

注：****は0.1％、***は1％、**は5％、*は10％で有意であることを示している。

5％で、年齢（40代）、一人当たり予算（10,001～15,000円）、一人当たり予算（15,001～20,000円）のパラメータが「0」であるという帰無仮説は棄却される。有意水準10％で、居住地（神奈川）、居住地（その他）、職業（勤め人）、職業（学生）、動機（情報誘発動機）のパラメータが「0」であるという帰無仮説は棄却される。これら以外のパラメータについては、「0」である可能性を棄却できない。

　統計学的有意性の判断結果から、土産物購入に影響を与えていると考えることができる要因は、性別、年齢（40代のみ）以外に、居住地（神奈川とその他のみ）、一人当たり予算、旅行形態、職業、動機（情報誘発動機のみ）、交通手段（バスのみ）であり、以前の来遊回数や旅行予定日数は土産物購入に影響を与えるとは判断できない。

　各種要因が土産物購入に与える影響は、パラメータの符号がプラスの場合には購入確率を高めるが、マイナスの場合には購入確率を低める。交通手段（バス）のパラメータの符号はマイナスを示している。調査個票からはその理由を明らかにすることはできないが、交通手段として「バス」と回答した観光客はバスで伊東に来遊したというよりは「バスによる観光」と考えられる。こうした観光は土産物を購入する十分な時間がなく、その結果、マイナスの符号となった可能性がある[9]。

　マイナスの符号を示したパラメータは、交通手段（バス）以外に、以前の来遊回数と旅行予定日数がある。これらの要因は統計学的に有意ではないが、もし影響を与えていると考えることができるならばその意味は大きい。なぜならば、何度も伊東市に来ていれば伊東の土産物についての情報量も十分にあり、それに基づけば土産物を購入しようとしないということを表していると考えることができるからである。また、旅行予定日数が長ければ伊東市の土産物について十分に知ることができ、同様に土産物を購入しようとしないことを表していると考えることができる。つまり、伊東市をよく知る観光客には、伊東の土産物は購入意欲をそそるような魅力ある商品として考えられていないことになる。しかし、先に指摘したように、これらの要因は統計学的に有意ではない[10]。

表7-7の推計結果からはこのような判断はできないため、さらなる検討が必要となる。

ここで得られた成果を要約すると次の通りである。

表7-7の結果は、以下に述べるような問題を含んでいるが、少なくとも単純集計・クロス集計で示された土産物購入割合の数値について注意して見ることを要求する。有意でない要因で見た購入割合が高かったとしても、統計学的には確かなものではない。また、「土産物購入行動モデル」の構築に向けては、性別、年齢、居住地、一人当たり予算、旅行形態、職業、動機、交通手段を主要な説明変数としてその理論的基礎を確立したうえで、データを再整理あるいは新たに収集することが必要となる。

ここでは十分な検討を行わなかった問題が一つある。それは、説明変数間の多重共線性の問題である。説明変数間に相関が見られる場合、相関がない場合に比べてパラメータの値は大きく変動する。以前の来遊回数と旅行予定日数のパラメータも、多重共線性の影響を受けている可能性を否定できない。多重共線性を回避する一つの方法は、相関関係が見られる説明変数の一つを除去することである。しかし、ここではいずれの変数を除去すべきか、その理由を明確に示すことはできない。多重共線性が存在する場合、表7-7の推計結果の解釈には注意が必要である。

4⊙伊東市観光客実態調査の課題

本章は、伊東市の観光客実態調査報告書とは別に、観光客の土産物購入に影

---

(9) 交通手段の選択項目「バス」は、2010年度の観光客実態調査より、「ツアーバス」と「団体貸し切りバス」の2項目に分けられた。
(10) 以前の来遊回数だけを説明変数とした場合、4回以上のパラメータが10％で有意であり、しかもマイナスの符号を示した。旅行予定日数だけを説明変数とした場合、1泊2日、2泊3日、3泊4日が統計学的に有意であり、すべてプラスの符号を示した。これは、**表7-7**の結果と大きく異なる。

響を与える要因を、観光客実態調査の個票データを利用して独自に探ろうとした。

最初に、属性、旅行仕様、動機別に土産物購入割合の単純集計とクロス集計を行った。集計に先立ち個票データの独自の整理を行ったが、それにより観光客実態調査のいくつかの問題も浮かび上がった。

一つは、「仕事」、「学校の帰り」など観光目的以外の者の回答が含まれていることである。アンケートの実施過程でこうした対象者は省くことができたはずである。要するに、無効な回答を減らすような調査員の努力が必要であろう。

二つ目は、調査票「6　伊東を選んだ動機（一つだけ選択してください）」の項目の選定基準がよく分からない点である。同調査票の項目は、本章で三つの項目に再分類したように、伊東市の観光資源を選択させる項目、伊東市の観光資源とは関係ない項目（日本の観光旅行の代名詞の一つ「安・近・短」を連想させる項目）、何らかの情報を選択させる項目からなる。伊東の観光資源を選択させる項目は、観光客が伊東の観光資源のなかでどれに魅力を感じているかを探ることができるものである。観光政策・行政を考えるうえで重要な情報であるが、調査票「6　伊東を選んだ動機（一つだけ選択してください）」という聞き方では、回答から落ちてしまうものもあり工夫が求められよう。

工夫の一つは、調査票「14　伊東の印象」において「（1）観光施設の印象」について満足度を聞いているように、観光資源についても伊東市の魅力として独自の調査項目を立て、その満足度を聞くなどの調査ができれば観光政策として開発すべき観光資源も明確となる。しかし、こうした工夫を行うとすれば、単に調査項目を追加するだけではすまない。観光施設の満足度と観光資源の満足度の違いが不明となる可能性もある。観光客には重複した質問に見え、どのように回答したらよいか分からなくなる。この問題を回避するためにも、調査項目の再設計が必要となる。

調査票「6　伊東を選んだ動機（一つだけ選択してください）」を再分類して「情報誘発動機」とした項目は、伊東市を選ぶ「動機」というよりは伊東市を選んだ「切っ掛け」を問うたものと考えるほうが適切であるように思える

(実際に、「動機」と「切っ掛け」は類義語であるが)。つまり、観光客が伊東市を観光地として選ぶ「動機（観光地としての伊東にどのような魅力を感じたのか、あるいは期待したのか）」を問うには、調査票の再検討が必要であると言うことである。

調査票の再検討・再設計を行ううえで、本章で次に行った分析は一つの示唆を与える。すなわち、2値ロジスティックモデルによる分析である。本章の分析によれば、観光客の土産物購入の傾向やどの要因が影響を与えているかを把握するのに、単純集計やクロス集計だけでは統計学的に確かではないことを明らかにした。2値ロジスティックモデルによる推計結果は、「土産物購入行動モデル」を構築するうえで重要な情報を提供することも指摘した。ただし、「土産物購入行動モデル」を構築するには、事前の理論的検討が必要となる。

学術研究レベルでは、消費行動に関しても、観光地の選択行動に関しても、理論的、実証的研究が存在する。まずは、こうした先行研究を参考に伊東市における「土産物購入行動モデル」を構築し、このモデルの推計に要するデータを収集するような調査票の設計が必要となる。例えば、一人当たり予算については具体的に金額を答えさせるなどの工夫ができれば、「土産物購入行動モデル」の利用価値もさらに高まるはずである。

こうした調査、分析を行うためには、大きな課題も存在する。一つは、観光客実態調査の目的を改めて明確にする必要もあろう。また、「土産物購入行動モデル」の推計は確率モデルを基礎としており、データの収集において偏りがないように無作為に収集する工夫も必要となる。

これらの課題を解決することは簡単ではないが、決して不可能ではない。伊東市はこれまで、他の観光地には見られない大規模な観光客実態調査を毎年続けてきた実績がある。本章が、伊東市の観光行政をさらに発展させるうえで、一つの参考になることを期待したい。

コラム　テレビドラマ・映画のロケ地

　イ・ビョンホンとキム・テヒが主人公とヒロイン役を演じた韓流ドラマ『アイリス』は、秋田県を重要な舞台として設定し、2009年3月、実際に撮影も行われた。『アイリス』の人気により、多くの韓国の人々が秋田に殺到したことについては、ニュースなどでも取り上げられたのでご存知な方も多いだろう。ロケ地決定にあたっては、秋田県と観光地の人々が無料で宿泊先や交通手段を提供したとも言われている。

　テレビドラマや映画をきっかけに外国人の観光旅行が増加したことは、秋田県以外にも北海道が有名である。2008年に公開された『狙った恋の落とし方』（中国語原題『非誠勿擾』、監督：フォン・シャオガン）は、道東をロケ地として撮影された。中国の名俳優であるグォ・ヨウと、台湾・香港の名女優であるスー・チーの2人が主役を演じ、道東の風景の美しさを中国の人々に大きく印象づけることになり、北海道への誘客へとつながった。

　静岡県もまた、2010年春に中国で放映されたテレビドラマ『杜拉拉昇職記』のロケ地となっている。撮影は、2009年12月に温泉地の修善寺、駿河湾の海岸、大井川などで行われた。ロケ地を目玉にしたツアーも計画されたが、折しも2010年は尖閣諸島での漁船衝突事件と、その後に続く日中関係の不安定性により、多くの誘客を期待することはできなかった。

　テレビドラマや映画のロケ地を観光資源として活用することは、外国人観光客の誘客だけでなく、日本人観光客にとっても魅力的なことである。とりわけ、伊豆半島は、何回も映画・テレビドラマ化された川端康成の『伊豆の踊子』に代表されるように、様々なドラマ・映画のロケ地として古くから有名である。俗に『セカチュー』で知られる、2004年にTBSで放映された『世界の中心で、愛をさけぶ』（主演：山田孝之・綾瀬はるか）のテレビドラマ版もまた、伊豆・松崎町で撮影が行われている。最近では、2008年のNHK大河ドラマ『篤

姫』(主演：宮崎あおい)の今和泉島津家として、そして2010年のTBSドラマ『JIN―仁』(主演：大沢たかお)の医學館として、伊豆の国市韮山の「江

江川邸に掲げられた『篤姫』のポスター　　　　江川邸

川邸」が撮影に使われている。

　ロケ地は観光資源として魅力的なものであり、行政もまた地域活性化と観光振興の手段として期待するとともに支援を行っている。ロケ地撮影における具体的な支援は、各レベルの自治体以外に各地のフィルムコミッションが担当している。

　冒頭に示した韓流ドラマ『アイリス』のロケ地を誘致した秋田県では、中小企業診断協会秋田支部が早い段階から地域振興の担い手としてフィルムコミッションの組織化を提案していた(中小企業診断協会秋田県支部『フィルムコミッションと地域振興に関する調査報告書』2005年)。

　一方、静岡県の場合は、静岡フィルムコミッションnet (http://www.shizuoka-fc.net/index.html) が県の窓口として、県内のロケ候補地やエリアの情報提供、県内各地のNPOロケ支援団体または市町など支援先の紹介、広域的な支援として団体・市町の連携のサポート、県の管理する施設などでの受け入れ調整などを行っている。ちなみに伊豆では、NPO法人「フィルム・コミッション伊豆」が2001年よりロケ支援活動を行っている。

あとがき

　初稿のゲラの校正をしながら、改めて我々の観光研究プロジェクト発足の経緯を思い起こした。国立大学の法人化は2004年4月にスタートし、当然のことながら、我々の所属する大学も国立大学法人静岡大学となった。この観光研究プロジェクトは2004年12月の熱海の観光調査から始まったわけだが、それはこの大学法人化の動きと密接な関係があった。

　地方大学である静岡大学の場合、大学法人としてその理念や使命の柱の一つに地域貢献・地域連携（最近は、社会連携という産学官連携や生涯学習なども含んだより広い概念に変わってきている）が据えられたのは、ある意味必然であった。こうした地域貢献・地域連携の一環として観光研究プロジェクトが認定され、予算措置が講じられ、我々の観光研究がスタートすることになったわけである。

　「はじめに」でも述べたように、我々の観光研究の問題意識は観光を雇用や付加価値を生み出す一つの産業としてとらえること、いわば「観光を経済学すること」であった。しかし、実際に研究を始めてみて気が付いたのは、「経済学する」前提となる観光統計データが整備されていないという現実であった。そこで、ヒアリング（聞き取り）調査という方法論に基づいた我々の観光研究プロジェクトが始まった次第である。

　ヒアリング調査先を振り返ってみると、実にいろいろな所に足を運んだこと

に気付かされる。伊豆地域だけを取り上げてみても、熱海市（2004年、2009年）、伊東市（2005年、2008年）、下田市（2005年、2010年）、松崎町（2005年）、伊豆市（2008年）、伊豆の国市（2008年）を足掛け7年にわたって調査したことになる。

　本書の各章は、これらヒアリング調査をベースにまとめられたものである。ヒアリング調査の成果をどこまで消化し活字にできたかについては忸怩たる思いがあるが、本書が少しでも伊豆地域の観光に貢献できるところがあれば我々にとって望外の喜びである。

　最後になるが、改めてこのヒアリング調査に協力いただいた方々にお礼を申し上げたい。

2012年1月

執筆者を代表して　野方　宏

参考文献一覧

第1章

- 観光庁［2009］『平成21年版　観光白書』株式会社コミュニカ。
- 観光庁［2011］「平成22年度観光の状況　平成23年度観光施策　要旨」。
- 野方宏［2010］「丹後地域の観光の現状と可能性－広域観光をめぐって－」（松岡憲司編『地域産業とネットワーク－京都府北部を中心として－』新評論、231～258ページ。
- 野方宏［2011］「伊豆地域の観光の現状と可能性」、『経済研究』（静岡大学）15巻4号、133～153ページ。
- Poter, M.E. [1998] *On Competition*、Harvard Business School Press（竹内弘高訳『競争戦略論Ⅰ・Ⅱ』、ダイヤモンド社、1999年）。
- 社会経済生産性本部［2007］『レジャー白書2007』社会経済生産性本部。
- 静岡県［2010a］「平成21年度静岡県観光交流の動向」、静岡県文化・観光部観光局観光政策課。
- 静岡県［2010b］「平成21年度静岡県における観光の流動実態と満足度調査　報告書」、静岡県産業部観光局観光政策室。
- 通商産業省地域経済研究会［2005］「人口減少下における地域経営について－2030年の地域経済のシミュレーション」。

第2章

- 石橋太郎・狩野美知子・野方宏・大脇史恵［2009］「第2回伊豆市観光ヒアリング調査報告：宿泊施設」、『経済研究』（静岡大学）14巻1号、61～75ページ。
- 石橋太郎・狩野美知子・野方宏・大脇史恵［2010］「第3回熱海市観光ヒアリング調査報告（1）：宿泊施設」、『経済研究』（静岡大学）14巻4号、63～16ページ。
- 石橋太郎・狩野美知子・野方宏・大脇史恵・朴根好［2009］「第3回伊東市観光ヒアリング調査報告（1）：宿泊施設を中心に」、『経済研究』（静岡大学）13巻4号、45～56ページ。
- 狩野美知子・野方宏［2011］「第3回下田市観光ヒアリング調査報告：宿泊施設」、『地域研究』（静岡大学）2号、37～42ページ。
- 中藤保則［2005］「星野リゾートの経営・運営手法」、『信州短期大学紀要』17巻、44～52ページ。
- 桐山秀樹［2008］『旅館再生――老舗復活にかける人々の物語』角川書店。
- 孫鏞勲・大野正人［2007］「地域活性化に貢献する宿泊産業の地域連携に関する研究」、日本観光研究学会『第22回全国大会論文集』61～64ページ。
- 浦達也［2007］「東鳴子温泉における小規模旅館の経営動向」、『大阪観光大学紀要』7号、1～8ページ。

- Enz, Cathy A., Linda Canina, and Mark Lomanno. [2009] "Competitive Pricing Decisions in Uncertain Times". *Cornell Hospitality Quarterly* Vol.50 No.3, pp.325～341.
- ダイヤモンド社〈週刊ダイヤモンド〉2009年3月28日号。
- 柴田書店〈月刊ホテル旅館〉2011年4月号。
- 東洋経済新報社〈週刊東洋経済〉2009年3月28日号。

参考Webサイト
- 総務省統計局「平成18年事業所・企業統計調査」〈http://www.stat.go.jp/data/index.htm、アクセス日：2011年8月30日〉

第3章
- 浅利一郎・石橋太郎・野方宏・大脇史恵［2007］「草津温泉ヒアリング調査報告」、『研究叢書』（静岡大学経済研究センター）第5号、17～24ページ。
- 浅利一郎・石橋太郎・野方宏・大脇史恵・朴根好［2007］「鳥羽の観光ヒアリング調査報告」、『経済研究』（静岡大学）12巻1号、89～106ページ。
- 石橋太郎［2006］「湯布院温泉ならびに黒川温泉の観光ヒアリング調査報告」、『研究叢書』（静岡大学経済研究センター）第4号、65～71ページ。
- 石橋太郎・野方宏・大脇史恵・朴根好［2007］「富士河口湖町役場ヒアリング調査報告」、『経済研究』（静岡大学）12巻1号、79～87ページ。
- 石橋太郎・野方宏・大脇史恵・朴根好［2008］「第2回伊東市観光ヒアリング調査報告」、『経済研究』（静岡大学）13巻1号、67～74ページ。
- 石橋太郎・狩野美知子・野方宏・大脇史恵・朴根好［2009］「第3回伊東市観光ヒアリング調査報告（1）：宿泊施設を中心に」、『経済研究』（静岡大学）13巻4号、45～56ページ。
- 石橋太郎・狩野美知子・野方宏・大脇史恵［2009］「第2回伊豆市観光ヒアリング調査報告：宿泊施設」、『経済研究』（静岡大学）14巻1号、61～75ページ。
- 石橋太郎・狩野美知子・野方宏・大脇史恵［2010］「第3回熱海市観光ヒアリング調査報告（1）：宿泊施設」、『経済研究』（静岡大学）14巻4号、63～76ページ。
- （株）石井建築事務所（東京）／創景研究所［2009］「『土地のちから』を活かすリゾート＆旅館を考える」、〈月刊レジャー産業資料〉2009年11月号、26～27ページ。
- 狩野美知子・野方宏［2009］「伊豆の国市観光ヒアリング調査報告」、『研究叢書』（静岡大学経済研究センター）第7号、37～47ページ。
- 狩野美知子・野方宏［2011］「第3回下田市観光ヒアリング調査報告：宿泊施設」、『地域研究』（静岡大学）2号、37～42ページ。
- 狩野美知子・野方宏・大脇史恵・朴根好［2009a］「第3回伊東市観光ヒアリング調査報告（2）：サボテンパークアンドリゾート」、『研究叢書』（静岡大学経済研究センター）第7号、27～35ページ。
- 狩野美知子・野方宏・大脇史恵・朴根好［2009b］「第1回伊豆市観光ヒアリング調査報告：概要」、『経済研究』（静岡大学）14巻1号、53～60ページ。

- 国土交通省編［2007］『平成19年版　観光白書』株式会社コミュニカ。
- 国土交通省観光庁編［2009］『平成21年版　観光白書』株式会社コミュニカ。
- 国土交通省観光庁編［2011］『平成23年版　観光白書』日経印刷株式会社。
- 眞崎昭彦［2010］「「感性価値」からみた観光市場とその活性化」、〈月刊レジャー産業資料〉2010年6月号、32～35ページ。
- 松井洋治［2011］「倒産の原因は不況ではない！」、〈月刊ホテル旅館〉2011年2月号、66～69ページ。
- 野方宏［2006］「下田市および松崎町観光ヒアリング調査報告」、『経済研究』（静岡大学）11巻1号、61～70ページ。
- 野方宏［2011］「伊豆地域の観光の現状と可能性」、『経済研究』（静岡大学）15巻4号、133～153ページ。
- 大澤健［2010］「着地型観光の意味と振興：「地域づくりのための観光」の実現に向けて」、〈月刊レジャー産業資料〉2010年6月号、25～31ページ。
- 上野泰也［2009］「観光旅館の稼働率は三三％台：過剰供給・過少需要が常態化」、〈週刊ダイヤモンド〉2009年10月31日号、27ページ。
- 「総力特集　深化する〈環境・農・レジャー〉融合ビジネス：第1部　エコロジー志向の深耕に挑むリゾート＆旅館（ケーススタディ）；扉温泉明神館」、〈月刊レジャー産業資料〉2009年11月号、28～29ページ。

第4章

- 秋山秀一・海口晴彦［2009］「広域の観光振興研究」、『東京成徳短期大学紀要』第42号、111～121ページ。
- 井上晶子［2010］「観光地形成における観光資源の新たな創出過程」、『立教観光学研究紀要』第12号、17～26ページ。
- 太田隆之［2008］「『温泉観光都市』伊東市の現状と課題」、『経済研究』（静岡大学）13巻3号、25～49ページ。
- 太田隆之［2010a］「補助金改革を通じた地域づくり活動の一検証（上）（下）」、『経済研究』（静岡大学）14巻4号、15巻1・2号、37～61ページ、31～60ページ。
- 太田隆之［2010b］「観光地再生のための政策課題と地域政策の可能性・方向性」、『静岡大学経済研究センター研究叢書』第8号、12～47ページ。
- 太田隆之［2011］「観光地のライフサイクルとそれに伴う政策課題の動態的変化」、『経済研究』（静岡大学）15巻3号、1～26ページ。
- 太田隆之［2012］「連携に基づいた広域観光振興の現状と課題」、『経済研究』（静岡大学）16巻4号掲載予定。
- 河村誠治［2008］『新版観光経済学の原理と応用』九州大学出版会。
- 小谷達男［1994］『観光事業論』学文社。
- 清水芳裕［1999］「旅行会社の立場からの広域観光」、『月刊観光』第398号、41～44ページ。

- 高田剛司・原田弘之・小阪昌裕［2010］「観光まちづくりプラットフォームの形成に関する考察」、『日本観光研究学会第25回全国大会論文集』45～48ページ。
- 寺村泰［2008］「下田市・地域再生ヒアリング調査報告」、『経済研究』（静岡大学）13巻2号、135～144ページ。
- 寺村泰［2009］「下田市の『まちおこし』ヒアリング調査報告」、『研究叢書』（静岡大学経済研究センター）第7号、49～83ページ。
- 土居英二・熱海市・静岡県・（財）静岡県総合研究機構ほか［2009］、『はじめよう観光地づくりの政策評価と統計分析』日本評論社。
- 野方宏［2011］「伊豆地域の観光の現状と課題」、『経済研究』（静岡大学）15巻第4号、133～153ページ。
- 古本泰之［2009］「観光地域形成における美術施設の設立と集積」、『杏林大学外国語学部紀要』第21号、239～251ページ。
- 溝尾良隆［1999］「長続きする『広域観光』のために」、『月刊観光』第398号、17～22ページ。
- 宮井久男・大志田憲［2009］「公共交通機関のユニバーサルデザイン化と広域観光振興の推進」、『岩手県立大学宮古短期大学部研究紀要』第20巻第2号、17～34ページ。
- 湯澤将憲［2011］「『圏』単位での地域ブランド構築の可能性」、『地域ブランド研究』第6号、45～55ページ。
- Butler, R. [1980] "The Concept of a Tourist Area Cycle of Evolution" *Canadian Geographer* Vol.24 No.1, pp.5～12.
- Bramwell, B. and B. Lane [2000] "Collaboration and Partnership in Tourism Planning" Bramwell, B. and B. Lane eds. *Tourism Collaboration and Partnerships*, Clevedon: Channel View Publications, pp.1～19.
- Kotler, P., Haider, D.H. and Rein, I. [1993] *Marketing Places*, New York: Free Place.（前田正子・千野博・井関俊幸訳『地域のマーケティング』東洋経済新報社、1996年）
- Selin, W.S. and D. Chavez [1994] "Characteristics of Successful Tourism Partnerships" *Journal of Park and Recreation Administration* Vol.12 No.2, pp.51～61.
- Yuksel, A. and F. Yuksel [2005] "Managing relations in a learning model for bringing destinations in need of assistance into contact with good practice" *Tourism Management* Vol.26, pp.667～679.

参考資料
- 伊東市・東伊豆町・河津町・下田市・南伊豆町［2010］『伊豆観光圏整備計画』
- 観光庁ホームページ「観光圏整備法」http://www.mlit.go.jp/kankocho/shisaku/kankochi/seibi.html（2011年9月27日閲覧）
- 観光庁ホームページ「観光地域づくりプラットフォーム支援事業」http://www.mlit.go.jp/kankocho/shisaku/kankochi/platform.html（2011年9月27日閲覧）

- 経済産業省『商業統計』各年度版。
- 厚生労働省ホームページ「雇用創出の基金による事業」http://www.mhlw.go.jp/bunya/koyou/chiiki-koyou3/　（2011年9月27日閲覧）
- 静岡県文化・観光部観光局観光政策課［2010］『平成21年度静岡県観光交流の動向』。
- 静岡県企画統計部統計利用課［2011］『平成20年度しずおかけんの地域経済計算（概要版）』。
- 〈静岡新聞〉2006年11月21日付「年収700万円、住居準備、誘客なら賞与　稲取温泉観光協会、事務局長を厚遇で全国公募」
- 〈静岡新聞〉2008年11月4日付「好調な旅行業、事業を拡大へ　稲取温泉観光合同会社」
- 〈静岡新聞〉2011年2月13日付「11年度県予算案理想郷への道2　ジオパーク、富士山、空港　住民の積極的参加が鍵」

第5章

- 石橋太郎・野方宏［2007］「伊豆地域の観光と観光振興――ヒアリング調査からみえてくるもの」、『経済研究』（静岡大学）11巻4号、177～194ページ。
- 石橋太郎・狩野美知子・野方宏・大脇史恵［2010］「第3回熱海市観光ヒアリング報告（1）：宿泊施設」、『経済研究』（静岡大学）第14巻4号、63～76ページ。
- JNTO［2010］『JNTO訪日外客訪問地調査2009』財団法人国際観光サービスセンター。
- 観光庁［2010］「宿泊旅行統計調査報告　平成21年1～12月」。
- 観光庁［2011a］「訪日外国人消費動向調査　平成22年年次報告」。
- 観光庁［2011b］「平成22年度観光の状況　平成23年度観光施策　要旨」
- 野方宏［2006］「下田市および松崎町観光ヒアリング調査報告」、『経済研究』（静岡大学）11巻1号、61～70ページ。
- 野方宏［2011］「伊豆地域の観光の現状と可能性」、『経済研究』（静岡大学）15巻4号、133～153ページ。
- 岡本伸之編［2001］『観光学入門』有斐閣。
- 静岡県［2009］「平成20年度海外からの観光客受入施設調査」静岡県産業部観光局。
- SRI［2006］『地域における国際観光戦略モデルの構築に関する研究』静岡総合研究機構。
- 田中一郎［2005］「訪日外国人旅行者の国内訪問地と訪日動機について」、『運輸と経済』第65巻第8号、61～70ページ。

第6章

- 熱海市観光戦略室［2009］「熱海市観光客動線調査報告書（2009年1月24日・25日調査実施）」。
- 熱海市観光戦略室［2010］「2009年度（第2回）熱海市観光客動線調査報告書（2010

・熱海市観光企画室［2011］「2010年度（第3回）熱海市観光客動線調査報告書（2011年1月29日・30日調査実施）」。
・土居英二編、熱海市・静岡県・(財)静岡総合研究機構他著［2009］『はじめよう観光地づくりの政策評価と統計分析』日本評論社。
・狩野美知子［2011a］「熱海市観光客の特性分析：熱海市観光客動線調査をもとに」、『経済研究』（静岡大学）15巻4号、103〜118ページ。
・狩野美知子［2011b］「熱海市観光客の特性分析：データ追加と修正に基づく再考」、『経済研究』（静岡大学）16巻2号、61〜78ページ。
・日本交通公社［2009］『旅行者動向2009：国内・海外旅行者の意識と行動』。
・岡村薫・福重元嗣［2007］「リピーター観光客育成に向けた観光プロモーション策」、『Discussion Papers in Economics and Business 07-42』大阪大学経済学研究科・国際公共政策研究科。
・静岡県観光政策課［2010］『平成21年度静岡県観光交流の動向』。
・Shoemaker, Stowe [1989] "Segmentation of the Senior Pleasure Travel Market", *Journal of Travel Research* Vol.27 No.3, pp.14〜21.
・東京大学教養学部統計学教室編［1991］『基礎統計学Ⅰ：統計学入門』東京大学出版会。
・内田治［2002］『すぐわかるEXCELによるアンケート調査・集計・解析第2版』東京図書株式会社。

第7章

・鄭躍軍・金明哲［2011］『Rで学ぶデータサイエンス17社会調査データ解析』共立出版。
・服部環［2011］『心理・教育のためのRによるデータ解析』福村出版。

執筆者紹介（執筆順）

野方　宏（第1章、第5章）奥付参照

狩野美知子（かのう・みちこ）（第2章、第6章）
1956年、愛媛県生まれ。
静岡大学人文学部経済学科助教。
静岡県立大学大学院経営情報学研究科修士課程修了。
専門は観光経営論。
主要論文：「旅行業における提携販売に基づく重層的産業構造の分析」『経済研究』（静岡大学）13巻2号、2008年。「旅行業者の競争戦略の分析―大手4社の経営行動に着目して―」『経済研究』（静岡大学）13巻3号、2008年。「旅行業界の構造変化と大きな転換」『運輸と経済』（財団法人運輸調査局）第70巻5号、2010年。

大脇史恵（おおわき・ふみえ）（第3章）
1972年、東京都生まれ。
静岡大学人文学部経済学科准教授。
名古屋大学大学院経済学研究科博士後期課程修了、博士（経済学）。
専門は経営戦略論、経営組織論。
主要論文：「製品開発における製品コンセプトの形成と役割」『経済科学』（名古屋大学）第48巻第3号、2000年。「成長中小製造企業にみる事業の再構築のマネジメント」『経済研究』（静岡大学）11巻4号、2007年。

太田隆之（おおた・たかゆき）（第4章）
1978年、長野県生まれ。
静岡大学人文学部経済学科准教授。
京都大学大学院経済学研究科博士後期課程修了、博士（経済学）。
専門は地域政策論。
主要論文：「運動団体から管理組織へ」『公共研究』（千葉大学）第5巻第1号、2008年。「補助金改革を通じた地域づくり活動の一検証（上）（下）」『経済研究』（静岡大学）14巻4号、15巻1・2号、2010年。

石橋太郎（いしばし・たろう）（第7章）
1960年、長崎県生まれ。
静岡大学人文学部経済学科准教授。
神戸大学大学院経済学研究科博士後期課程単位取得退学。
専門は情報経済学。
主要著作：『はじめよう経済学のための情報処理―Excelによるデータ処理とシミュレーション』（共著、日本評論社、2008年）。『インターネット経済学案内』（共著、日本評論社、2003年）。『はじめよう　経済学のためのMathematica―パソコンによる数式処理』（共著、日本評論社、1997年）。

編著者紹介

野方　宏（のがた・ひろし）
1947年、静岡県生まれ。
1976年、神戸大学大学院経済学研究科博士後期課程単位取得退学。
神戸市外国語大学を経て、1996年より静岡大学人文学部教授。
この間、英国ウォリック大学visiting fellow（1983〜1984年）、英国ヨーク大学academic visitor（2001〜2002年）。
専門は産業組織論、コーポレート・ガバナンス論。
主要論文：「参入と戦略的行動」新庄浩二編『産業組織論［新版］』（有斐閣、2003年所収）。「伊豆地域の観光と観光振興」『経済研究』（静岡大学）11巻4号、2007年。「丹後地域の観光の現状と可能性」松岡憲司編『地域産業とネットワーク』（新評論、2010年所収）。「伊豆地域の観光の現状と可能性」『経済研究』（静岡大学）15巻4号、2011年など。

静岡大学人文学部研究叢書31

観光の活性化と地域振興
──伊豆の観光を考える　　　　　　　　　　　　　　　（検印廃止）

2012年3月20日　初版第1刷発行

　　　　　　　　　　　　　　編著者　野　方　　宏

　　　　　　　　　　　　　　発行者　武　市　一　幸

　　　　　　　　　　　　　　発行所　株式会社　新　評　論

〒169-0051　東京都新宿区西早稲田3-16-28　　TEL 03（3202）7391
http://www.shinhyoron.co.jp　　　　　　　　　FAX 03（3202）5832
　　　　　　　　　　　　　　　　　　　　　　振替 00160-1-113487

落丁・乱丁はお取り替えします。　　　　　　印刷　フォレスト
定価はカバーに表示してあります。　　　　　装丁　山田英春
　　　　　　　　　　　　　　　　　　　　　製本　清水製本所

Ⓒ野方　宏ほか　2012年　　　　　　　　　　　Printed in Japan
　　　　　　　　　　　　　　　　　　　　ISBN978-4-7948-0896-7

JCOPY　＜(社)出版者著作権管理機構 委託出版物＞
本書の無断複写は著作権法上での例外を除き禁じられています。複写される場合は、そのつど事前に、(社)出版者著作権管理機構（電話03-3513-6969、FAX 03-3513-6979、e-mail: info@jcopy.or.jp）の許諾を得てください。

新評論　地域の未来を考える本　好評既刊

近江環人地域再生学座編／責任編集：森川稔
地域再生　滋賀の挑戦
エコな暮らし・コミュニティ再生・人材育成
"琵琶湖文化圏"を形成する滋賀の，環境・人づくりをめぐる創造的挑戦！
[A5並製　288頁　3150円　ISBN978-4-7948-0888-2]

近藤修司 著
純減団体
人口・生産・消費の同時空洞化とその未来
人口減少のプロセスを構造的に解明し，地域再生の具体策を提示する。
[四六上製　256頁　3360円　ISBN978-4-7948-0854-7]

下平尾 勲 著
地元学のすすめ
地域再生の王道は足元にあり
「地元資源・連携・住民パワーの結集」を軸とした地域再生への提言と指針。
[四六上製　324頁　2940円　ISBN4-7948-0707-4]

川端基夫
立地ウォーズ
企業・地域の成長戦略と「場所のチカラ」
製造・小売・サービス業が街の裏側で展開する立地戦略と攻防を読み解く。
[四六上製　262頁　2520円　ISBN978-4-7948-0789-2]

関 満博・松永桂子 編
道の駅／地域産業振興と交流の拠点
憩い・食・出会いの場として存在感を高める「道の駅」の豊かな可能性。
[四六並製　260頁　2625円　ISBN978-4-7948-0873-8]

関 満博・松永桂子 編
農産物直売所／それは地域との「出会いの場」
農村女性の希望が凝縮した「直売所」に地域再生の新たな指針を探る。
[四六並製　248頁　2625円　ISBN978-4-7948-0828-8]

＊表示価格はすべて消費税（5％）込みの定価です。

新評論　地域の未来を考える本　好評既刊

関 満博・松永桂子 編
「農」と「食」の女性起業
農山村の「小さな加工」
戦後農政の枠組みを超えて「自立」へ向かう農村女性たちの営みを報告。
[四六並製 240頁 2625円　ISBN978-4-7948-0856-1]

関 満博 著
「農」と「食」の農商工連携
中山間地域の先端モデル・岩手県の現場から
「自立」「自主」「産業化」で輝く先進的"岩手モデル"を全国に発信!
[A5上製 296頁 3675円　ISBN978-4-7948-0818-9]

関 満博・松永桂子 編
「村」の集落ビジネス
中山間地域の「自立」と「産業化」
集落営農，農事法人化，直売所など，地域資源を活用した取り組み。
[四六並製 218頁 2625円　ISBN978-4-7948-0842-4]

関 満博・松永桂子 編
集落営農／農山村の未来を拓く
男たちが広げていた「農家の共同化」の動きに農山村の新時代を展望。
[四六並製 256頁 2625円　ISBN978-4-7948-0889-9]

関 満博・足利亮太郎 編
「村」が地域ブランドになる時代
個性を生かした10か村の取り組みから
「平成の大合併」以来の「むら」の現状，その臨むべき未来を展望。
[四六上製 240頁 2730円　ISBN978-4-7948-0752-6]

＊表示価格はすべて消費税（5％）込みの定価です。

新評論　地域の未来を考える本　好評既刊

関 満博 著
東日本大震災と地域産業復興　Ⅰ
2011.3.11～10.1　人びとの「現場」から

深い被災の中から立ち上がろうとする人びとと語り合い，共に新たな世界を創るために。「3.11後の現場」からの報告，緊急出版！
　　[Ａ5上製　296頁　2940円　ISBN978-4-7948-0887-5]

関 満博・大塚幸雄 編
阪神復興と地域産業
神戸市長田ケミカルシューズ産業の行方

長田地区が示してくれる震災の教訓を再確認し，そこから学びとった産業復興の足取りと課題を〈地域産業振興〉の備忘とする。
　　[Ａ5上製　288頁　4725円　ISBN4-7948-0509-8]

関 満博・遠山 浩 編
「食」の地域ブランド戦略

暮らしの歴史と豊かな食の文化に根ざす〈希望のまち〉を築き上げる10市町村の多彩な取り組みに学ぶ。
　　[四六上製　226頁　2730円　ISBN978-4-7948-0724-3]

関 満博・及川孝信 編
地域ブランドと産業振興
自慢の銘柄づくりで飛躍した9つの市町村

自立，成熟社会・高齢社会を見据え，地元独自の銘柄＝「地域ブランド」作りに挑戦する取り組みを詳細報告。
　　[四六上製　248頁　2730円　ISBN978-4-7948-0695-6]

関 満博 編
「エコタウン」が地域ブランドになる時代

地元の資源（環境，エネルギー，食，暮らし）を未来の世代に豊かにひきつぐための，全国10地域の未来型＝循環型まちづくり。
　　[四六並製　254頁　2625円　ISBN978-4-7948-0812-7]

＊表示価格はすべて消費税（5％）込みの定価です